LES CAHIERS DE L'IREA
N° 39 - 2020

Revue de l'Institut de recherches et d'études africaines (IREA)

Economie et santé

L'Harmattan

LES CAHIERS DE L'IREA
N° 39 - 2020

Revue de l'Institut de recherches et d'études africaines (IREA)

Economie et santé

L'Harmattan

5-7, rue de l'École-Polytechnique ; 75005 Paris
www. editions-harmattan.fr

ISBN : 978-2-343-20272-3
EAN : 9782343202723

Comité scientifique

Comité de lecture

Sommaire

Éditorial

L'économie de la république du Congo-Brazzaville repose principalement sur l'exploitation des hydrocarbures le long de la côte atlantique. Le bois, les services et une agriculture embryonnaire constituant le reste de l'activité. C'est dire la nécessité de la diversification de l'économie congolaise (Congo-Brazzaville).

Dans le discours répandu sur le besoin de diversifier les sources de croissance, la stratégie de diversification est prônée tantôt comme diversification des exportations pour saisir les opportunités de la mondialisation tantôt comme élargissement des filières d'exploitation des ressources naturelles dont dispose le pays, mais comme lignes parallèles destinées principalement à l'exportation, ou les deux à la fois.

Or la nécessité de la diversification de l'économie congolaise (Congo-Brazzaville) est connue de tous et depuis bien des années.

Mais la diversification des déterminants de l'économie au Congo-Brazzaville dont il est question ici est la construction d'un tissu économique intégré reposant sur des ressorts internes solides sur les plans aussi bien économique que social. Cela explique combien une stratégie de diversification constitue une entreprise complexe ; elle est, en effet, dans son bien-fondé, une réponse de politique développementaliste à une situation aussi complexe, celle de la vulnérabilité de l'économie du Congo-Brazzaville.

C'est dans cette perspective que le présent article se veut une étude qui entend apporter sa contribution. Pour cela, son objectif est de donner des bases à la formulation de la stratégie de diversification et au schéma directeur de la mise en œuvre à travers des programmes opérationnels en menant une analyse de la vulgarité de l'économie du Congo-Brazzaville dans une perspective plus large.

L'auteur, au terme de son analyse dans son article, offre la possibilité de tirer quelques enseignements clefs sur la vulnérabilité de l'économie du Congo-Brazzaville et ses perspectives de diversification, permettant ainsi de mettre au clair la nature intrinsèque de l'économie du Congo-Brazzaville et les différentes facettes de sa fragilité héritées de l'ère coloniale et qui n'ont cessé de se renforcer au cours de la période postindépendance.

Ainsi, il en arrive à cette conclusion que la vulnérabilité de l'économie du Congo-Brazzaville se caractérise par plusieurs donnes que sont l'étroitesse de la base de création de la richesse nationale fondée sur un modèle économique « mono productif », une croissance erratique propulsée par le secteur pétrolier, la volatilité des cours du produit d'exportation dominant, une incertitude dans la maîtrise des moyens de paiement extérieurs du pays (dette et importations) qui dépendent des revenus non stables de ce secteur, une incertitude dans la maîtrise et la stabilisation des moyens d'action de l'État pour financer les investissements de développement requis, une dépendance (directe, indirecte) du secteur privé de « l'économie du pétrole », une faiblesse ou une inexistence d'un tissu économique porteur interne de la machine économique, un déséquilibre de la géographie économique et des réseaux des transports, un déséquilibre démographique et donc des ressources ou du capital humains, un déséquilibre et une faiblesse du marché interne.

Au finish, l'auteur, au terme de son article, offre au gouvernement et aux autres parties prenantes (secteur privé société civile, régions, districts), les éléments de base pour la formulation d'une stratégie de diversification et sa traduction en programme opérationnel ainsi que la diversité des composantes économiques, politiques et sociales.

Dépassant le cadre restreint du Congo Brazzaville et se situant dans une vision plus large, celle concernant l'UMOA, Viviane KOUDOU nous propose un article intitulé « Comparaison des déterminants et des effets des IDE entrants dans les économies des pays côtiers et sahéliens de L'UEMOA ».

Si, dans leur stratégie de mobilisation des ressources externes et de politiques économiques, une grande partie des pays en développement accorde de plus en plus d'intérêt aux Investissements Directs Etrangers (IDE) pour essayer de résoudre leurs énormes défis de développement, l'Afrique, quant à elle, constitue l'une des principales zones de croissance de la planète selon la Banque Mondiale et, en cela, l'Union Economique et Monétaire Ouest-Africaine, créée en janvier 1994 à Dakar a pour objectif essentiel l'édification en Afrique de l'Ouest d'un espace économique harmonisé et intégré. C'est cet espace de l'UEMOA qui constitue le cadre d'investigation de notre auteur Viviane KOUDOU, enseignant à l'université Félix Houphouët-Boigny (Côte d'Ivoire), un espace au sein duquel est assurée une totale liberté de circulation des personnes, des capitaux, des biens, des services et des facteurs de production, ainsi que la jouissance effective du droit d'exercice et d'établissement pour les professions libérales, de résidence pour les citoyens sur l'ensemble du territoire communautaire

L'auteur, par cet article, vise principalement à faire le point de l'évolution du processus d'intégration, sur une période longue de plus de 30 ans ce, sur la base des investissements directs étrangers entrants dans ces pays, d'où le thème « Comparaison des déterminants et effets des Investissements directs étrangers dans les économies des pays côtiers et sahéliens de l'UEMOA ». En cela, il constate que le recours aux capitaux étrangers, notamment aux IDE comme nouvelle source de financement est principalement dû aux grands déséquilibres caractérisés par l'insuffisance des ressources intérieures, au regard des besoins de financement de leurs balances de paiement depuis la fin des années 1980 dans la plupart des pays en développement, notamment ceux de l'UEMOA. À l'instar des pays de l'UEMOA, les autres pays du continent africain développent eux aussi des stratégies pour attirer sur leurs territoires des IDE nécessaires à la consolidation de leur croissance, mettant en avant le rôle crucial de l'IDE dans leur processus de développement.

Et de fait, l'IDE fait figure de moteur de la croissance économique, car il semble fournir les capitaux dont ces pays ont grandement besoin, nécessaires à l'investissement, de sorte qu'il (IDE) contribue de manière considérable à la croissance économique, car il est plus stable que les autres formes de flux de capitaux. Or, si le modèle de croissance de l'espace UEMOA est basé sur la poursuite d'importants programmes d'investissement public, force est de reconnaitre que les IDE présentent, eux, de nombreux avantages pour autant qu'ils servent notamment de source de capital, créent des emplois, permettent l'accès aux marchés étrangers et leurs retombées sur les entreprises locales sont positives en termes de technologie et d'efficacité. Étant donné qu'ils permettent un accès aux marchés étrangers, au transfert de technologies et créent généralement des compétences dans les entreprises des pays hôtes, les IDE ne peuvent qu'améliorer l'intégration de ces derniers dans l'économie mondiale tout en favorisant la croissance.

Or attirer le maximum d'IDE dans la zone, afin d'y stimuler une croissance soutenable par les IDE devient une préoccupation majeure. En cela, le présent article s'est donné pour finalité de lever le voile en répondant aux trois questions suivantes : 1- quels sont les déterminants des IDE pour les deux groupes de pays au sein de l'UEMOA ? 2- Quel est l'effet des IDE sur les économies des pays côtiers et des pays sahéliens ? 3- Quels sont les canaux par lesquels ceux-ci agissent sur la croissance économique des deux groupes de pays ? La réponse à ces questions nourrit l'ambition d'apporter une modeste contribution aux études déjà menées sur les IDE dans l'UEMOA. Ainsi, dans un premier temps l'auteur expose ses objectifs de recherche suivis de sa problématique, puis dans un second temps il fait une revue de la littérature économique sur le débat des déterminants et effets des IDE et utilise une analyse sur les données de panel pour les deux groupes de pays de l'UEMOA sur la période allant de 1980 à 2016 en utilisant une modélisation par les SEM (Simultaneous Equations Model), méthode d'estimation dite à information complète (Full Information Maximum Likelihood (FIML) et compare les résultats issus des régressions. Enfin, dans un troisième temps et avec les résultats obtenus, l'auteur formule des recommandations de politiques économiques que sont :

- renforcer les efforts de financement du capital humain (secteur de l'éducation et de la santé) et mettre en œuvre des mesures visant la formation d'une main-d'œuvre disposant des qualifications techniques et professionnelles requises pour répondre aux besoins des investisseurs nationaux et internationaux ;

- développer et diversifier les exportations ;
- œuvrer à la suppression de toutes les barrières au commerce et aux mouvements de capitaux pour attirer plus d'IDE ;
- poursuivre les efforts de financements de la croissance économique ;
- augmenter la rente sur les ressources naturelles ;
- les investissements domestiques étant financés par l'épargne domestique, encourager et favoriser l'épargne interne ;
- œuvrer à substituer la dette aux IDE pour ne pas compromettre l'avenir des générations futures.

Ainsi, les IDE entrants dans ces pays agiraient positivement et significativement sur la croissance économique, le capital humain, les investissements domestiques et les exportations, mais seuls les exportations et le capital humain constitueraient les canaux de transmission par lesquels les IDE agiraient sur la croissance économique de ces deux groupes de pays.

De la zone UEMOA nous partons nous focaliser sur le Cameroun dans sa filière textile avec les docteurs Kouosseu Jules, Maître de conférences d'histoire à l'université de Dschang au Camerou et Awounang Sonkeng Francine Ulrich, doctorante à l'université de Dschang au Cameroun.

Au Cameroun, la filière textile, du fait de son importance en termes d'emploi et de son impact sur l'économie nationale, demeure fortement concurrencée par les produits d'origine nigériane. Et de fait, depuis des siècles, les relations économiques entre le Cameroun et le Nigéria ont évolué avec les indépendances. Qu'elles soient formelles ou informelles, elles ont toujours été influencées par les données économiques liées aux besoins des deux pays, à l'évolution de leurs monnaies respectives, ou à l'audace des trafiquants encouragés par la fiscalité d'entrée sur le territoire camerounais. Plusieurs auteurs ont abordé la question des échanges transfrontaliers entre le Cameroun et le Nigeria en mettant l'accent sur les produits alimentaires, les échanges formels et informels entretenus par les populations riveraines, ou même sur l'impact des politiques macro-économiques différentielles entre le Cameroun et le Nigeria. Tous ces auteurs s'accordent pour dire que ces échanges, bien que très importants, demeurent désordonnés, voire informels et qu'au final, ne profitent pas aux États.

À la suite de ces auteurs, le présent article s'est donné pour objectif d'éclairer l'impact de la concurrence nigériane sur l'industrie textile camerounaise ce, en s'appuyant sur des sources variées notamment les documents d'archives et plus singulièrement celles de la CICAM (Cotonnière Industrielle du Cameroun), les ouvrages généraux et articles, des thèses et mémoires, ainsi que certains Rapports du ministère du Commerce.

L'exploitation de ces données a permis aux deux auteurs d'affirmer que la concurrence nigériane revient immanquablement lorsque l'on évoque les difficultés du marché textile au Cameroun. Et de fait, les échanges transfrontaliers de textiles sont depuis les années 80 préjudiciables aux entreprises camerounaises avec pour exemples la CICAM, la perte des parts de marché, la baisse du chiffre d'affaires et de la production qui est passée de 70 % à 30 % entre 1985 et 1988. Face à la dégradation de l'environnement économique, au changement des rapports commerciaux entre le Cameroun et le Nigéria, et avec l'ouverture du marché mondial, les portes sont désormais grandes ouvertes également aux importations des pays du sud-est asiatique. Mais encore faut-il que celles-ci s'effectuent dans un cadre légal.

Au finish, les deux auteurs affirment que du fait de la dépréciation constante du Naira, de l'importance de sa masse démographique estimée à près de 115 millions en 2000, et de son poids industriel, le Nigéria représente un adversaire économiquement redoutable pour le Cameroun dans le domaine du textile pour autant que l'entrée massive et à prix bas de ces produits textiles d'origine ou contrefaits met en difficulté la filière textile camerounaise, moins compétitive. Par le présent article, les deux auteurs situent l'industrie textile camerounaise en rapport avec la puissance économique de son grand voisin le Nigéria, en cernant les difficultés auxquelles elle fait face ce, en analysant à travers des sources diversifiées l'impact du commerce formel et informel avec le Nigéria sur l'industrie textile camerounaise.

Du Cameroun, nous revenons dans la zone de l'UEMOA, toujours avec docteur Vivianne KPUDOU, enseignante à l'université Félix Houphouët-Boigny (Côte d'Ivoire).

Selon Viviane KOUDOU, une grande partie des pays en développement, dans leur stratégie de mobilisation des ressources externes et de politiques économiques, accorde de plus en plus d'intérêt aux Investissements Directs Etrangers (IDE), afin d'espérer résoudre leurs énormes défis de développement. C'est le cas des pays de la zone UEMOA dont l'objectif essentiel est l'édification en Afrique de l'Ouest, d'un espace économique harmonisé et intégré. Par la présente étude, l'auteur entend faire le point de l'évolution du processus d'intégration, sur une période longue de plus de 30 ans, sur la base des investissements directs étrangers entrants dans ces pays d'où le thème « Investissements directs étrangers, effets sur l'économie des pays de l'UEMOA et canaux de transmission sur la croissance économique dans les pays de l'UEMOA ». L'IDE fait figure de moteur de la croissance économique, car il semble fournir les capitaux dont ces pays ont grandement besoin, nécessaires à l'investissement. Il augmente la concurrence dans les industries des pays hôtes tout en améliorant la productivité des entreprises locales, en adoptant des technologies plus efficaces ou en investissant dans des capitaux humains et/ou physiques. L'investissement direct étranger contribue de manière considérable à la croissance, car il est plus stable que les autres formes de flux de capitaux et présente de nombreux avantages comme suit : il sert de source de capital, crée des emplois, permet l'accès aux marchés étrangers et ses retombées sur les entreprises locales sont positives en termes de technologie et d'efficacité. Étant donné qu'il permet l'accès aux marchés étrangers, au transfert de technologies et crée généralement des compétences dans les entreprises des pays hôtes, l'IDE ne peut qu'améliorer l'intégration de ces derniers dans l'économie mondiale tout en favorisant la croissance.

Attirer le maximum d'IDE dans la zone, afin d'y stimuler une croissance soutenable par les IDE devient une préoccupation majeure. Aussi, la présente étude a essayé de lever le voile en répondant à ces trois questions : a) quels sont les déterminants des IDE ? b) Quel est l'effet des IDE sur l'économie ? c) Quels sont les canaux par lesquels ceux-ci agissent sur la croissance économique ?

Pour répondre à ces questions, un modèle structurel à équations simultanées sur données de panel sera utilisé afin de nous permettre d'analyser les déterminants des investissements directs étrangers ainsi que leurs effets sur l'économie et sur la croissance économique via les canaux de transmission. L'analyse des canaux de transmission s'effectuera par la spécification de quatre équations : une équation permettant de voir l'effet d'éviction ou d'entraînement des IDE sur l'investissement domestique, une autre permettant de déterminer l'effet des IDE sur le capital humain, une troisième nous permettant de voir les effets des IDE sur les exportations. La dernière équation, ayant la croissance du PIB en endogène, permet de montrer l'effet des variables matérialisant les canaux de transmission des IDE sur la croissance économique.

Au final, il est permis d'avancer que le présent article a eu pour objectif principal d'analyser les facteurs explicatifs des IDE en recherchant les canaux de transmission par lesquels ils agissent sur toute l'économie des pays de la zone UEMOA. L'atteinte de cet objectif s'est traduite d'abord par une évaluation économétrique des déterminants des flux d'IDE en direction de l'Union, de l'effet direct des IDE sur la croissance économique, des canaux de transmission par lesquels les IDE agissent sur la croissance économique en zone UEMOA, sur la période de 1980-2016. Les résultats ainsi obtenus indiquent que les déterminants des IDE sont la croissance économique, le capital humain, les exportations, la rente sur les ressources naturelles, la dette extérieure et le degré d'ouverture. Ainsi, sur la base des résultats des régressions obtenus, il serait bon que les autorités de l'espace UEMOA continuent de renforcer leurs efforts de financement du capital humain (secteur de l'éducation et de la santé) formé pour les nouvelles technologies et mettre en œuvre des mesures visant la formation d'une main-d'œuvre disposant des qualifications techniques et professionnelles requises pour répondre aux besoins des investisseurs nationaux et internationaux. Et pour l'auteur, cela passe par l'amélioration de la qualité de l'éducation en ayant les mêmes pratiques pédagogiques que dans les pays développés et par le développement du partenariat public-privé qui permettra de contractualiser et de promouvoir le lien entre les organismes publics et ceux du secteur privé pour la décentralisation et donnerait plus de marge de réactivité aux établissements de formation.

Pour un véritable développement économique, la bonne santé des populations est requise. C'est justement de cela que traite le docteur Fernand Bau BATIONON, Maitre de Conférence à l'université de Ouaga 1, prof Joseph Ki-Zerbo.

Si les vaccinations constituent une des principales interventions en santé publique, afin de contribuer à réduire la morbidité et la mortalité des enfants au Burkina Faso, pour le docteur BATIONO, auteur de l'article « Acceptabilité et vaccinations au Burkina Faso », l'accès aux campagnes de vaccinations rencontre parfois des réticences socioculturelles ou des refus de la part des populations bénéficiaires. En cela, plusieurs auteurs ont montré que les conceptions religieuses en particulier constituent des barrières dans l'acceptation des vaccinations d'une part et, d'autre part, que les décisions des pères, des grands-mères et les logiques sociales de la maladie de l'enfant sont importantes dans le recours aux séances de vaccinations.

Par ailleurs, de nombreuses études ont été consacrées à l'analyse des résistances des refus et des barrières financières dans le recours aux vaccinations.

En revanche, fait remarquer l'auteur du présent article, très peu de travaux ont abordé la problématique de l'acceptabilité des méthodes vaccinales dans les campagnes de vaccination, de sorte qu'il est important et nécessaire d'examiner les perceptions locales ou populaires de la communauté bénéficiaire et des professionnels de santé pour comprendre les comportements de la demande en vaccination et la mise en route d'une approche cohérente du processus de validation. Dans cette perspective, l'auteur du présent article s'est fixé pour objectif d'analyser les perceptions sociales des méthodes vaccinales au Burkina Faso par des acteurs communautaires bénéficiaires des vaccinations et des professionnels de la santé.

C'est ainsi, que suite à ses différentes recherches, docteur BATIONO laisse saisir que les acteurs communautaires et professionnels de santé montrent que les vaccinations sont importantes dans la lutte contre les maladies et que la plupart des participants à l'étude ont exprimé des perceptions positives quant à l'accès à la vaccination suivant les méthodes injectables et orales pour réduire les taux de morbidité et de mortalité infantile ce, pour autant que les vaccinations constituent une des principales interventions en santé publique pour contribuer à réduire la morbidité et la mortalité des enfants au Burkina Faso.

Pour mener cette étude, des entretiens individuels semi-structurés et des focus group ont été réalisés avec des professionnels de santé (niveaux central et périphérique), des enfants, des mères et des pères. Les résultats de la recherche démontrent que la méthode par voie orale est globalement acceptée tandis que la méthode par voie injectable connaît des effets secondaires néfastes (fièvre, abcès, douleur physique) qui entraînent des réticences à l'acceptation de l'administration du vaccin, de sorte que dans de telles conditions, les professionnels de santé constituent des experts pour donner les informations adéquates à l'acceptation des méthodes vaccinales et des innovations médico-techniques en matière de vaccination.

Au final, il faut reconnaitre que l'étude du docteur BATIONO a le mérite d'analyser les perceptions sociales de plusieurs acteurs et de montrer que la communication entre les acteurs communautaires et professionnels de la santé est essentielle pour parvenir à réduire les réticences ou les résistances à l'acceptation des vaccinations.

Blaise BAYILI

Les déterminants de l'économie en République du Congo (Congo Brazzaville)

Jean Bosco KAOMBA MUTUMBA
Chef de travaux à la faculté des sciences économiques
et de gestion à l'université de Lubumbashi

Introduction générale

La nécessité de la diversification de l'économie congolaise (Congo-Brazzaville) est connue de tous et depuis bien des années. Les autorités responsables comme les autres acteurs et parties prenantes ont eu à l'affirmer et n'arrêtent de le répéter[1]. Il se fait cependant que les efforts réels de diversification sont peu évidents et n'ont pas encore donné des résultats tangibles.

[1] Présidence de la République, Bilan (1960-2010) et perspective de développement économique social et culturel de la République du Congo-Brazzaville, juin 2011.

Dans le discours répandu sur le besoin de diversifier les sources de croissance, la stratégie de diversification est prônée tantôt comme diversification des exportations pour saisir les opportunités de la mondialisation tantôt comme élargissement des filières d'exploitation des ressources naturelles dont dispose le pays, mais comme lignes parallèles destinées principalement à l'exportation, ou les deux à la fois.

La diversification des déterminants de l'économie au Congo-Brazzaville dont il est question ici est la construction d'un tissu économique, intégré reposant sur des ressorts internes solides sur les plans aussi bien économique que social.

Une stratégie de diversification est donc une entreprise complexe. Elle est dans son bien-fondé, une réponse de politique développementaliste à une situation aussi complexe, celle de la vulnérabilité de l'économie du Congo-Brazzaville.

C'est en tout cela que la présente étude va apporter sa contribution. Son objectif premier est, en effet, de donner des bases à la formulation de la stratégie de diversification et au schéma directeur de la mise en œuvre à travers des programmes opérationnels en menant une analyse de la vulgarité de l'économie du Congo-Brazzaville dans une perspective plus large.

- **Problème et justification de l'étude**

Forgée dans la logique de la mise en valeur coloniale pour remplir les objectifs qui lui étaient assignés, l'économie du Congo-Brazzaville a été progressivement transformée en une économie de rente basée sur la production et l'exportation de ressources naturelles brutes. Cette logique d'une économie non véritablement national, mais essentiellement appendice de l'économie de la métropole ou aujourd'hui de l'économie mondiale a continué et s'est renforcé avec l'entrée du Congo dans l'ère pétrolière. Cette dernière a été d'une certaine manière le début d'un abandon progressif des autres secteurs de l'activité économique consacrant ainsi la pétrodépendance de l'économie du Congo-Brazzaville.

- **Objectifs poursuivis :** les objectifs poursuivis dans cet article sont les suivants :

  1) Faire une présentation approfondie des déterminants de l'économie du Congo-Brazzaville afin d'engager les atouts capables de provoquer la création de richesse, la diversification de sa base productive, la productivité sectorielle, les échanges inter branches, la capacité à tirer avantage de la mondialisation.

2) Identifier et analyser les dimensions et les facteurs externes et internes de vulnérabilités de l'économie du Congo-Brazzaville, qu'il soit facteurs de base ou facteurs d'amplification ainsi que leurs effets qui mis ensemble, fragilisent cette économie.

3) Faire des recommandations des politiques à mettre en œuvre à court, moyen et long terme pour réduire à un niveau minimum la vulnérabilité de l'économie du Congo-Brazzaville.

- **Approche méthodologique :**

Pour mener cette étude, nous avons adopté l'approche dimensionnelle ci-après :

a) Collecte de la documentation :

Une recherche documentaire aussi large que possible

b) Mode de rédaction et itération scientifique personnel :

La rédaction a été conduite sur un mode de construction individuel et scientifique.

c) Intégration de la perspective régionale :

Bien que centrée sur le cadre national de l'économie du Congo-Brazzaville, l'approche méthodologique a tenu à intégrer la dimension régionale à l'analyse ainsi que le contexte mondial dans lequel baigne l'économie du Congo-Brazzaville.

d) Appropriation nationale de l'étude

Cette démarche méthodologique se situe dans une gouvernance économique de développement dont le contexte de base est celui de l'économie libérale. Une telle gouvernance est caractérisée par les efforts de remise en cause du cadre d'une économie d'exportation de types cueillette et extraction, efforts de sortie d'une situation de gestion de l'héritage historique d'une économie de rente d'exploitation très vulnérable, vers la construction d'une économie à ressorts et piliers structurels internes solides.

- **Structure de l'étude :**

Hormis l'introduction générale et la conclusion générale, cette étude est structurée en deux points à savoir : la présentation de l'économie en République du Congo (Congo-Brazzaville), subdivisé en six sous points et les perspectives macroéconomiques 2018-2022.

I. Présentation économique de la République du Congo (Congo Brazzaville)

A. LA situation géographique

Située en Afrique centrale, la République du Congo-Brazzaville s'étend sur une superficie de 342 000 km². Elle est pourvue d'une façade maritime de 170 km sur l'Océan Atlantique et limitée au nord par le Cameroun et la Centrafrique, au Sud par la République Démocratique du Congo et l'Angola (enclave du Cabinda), au sud-ouest par l'Océan Atlantique, à l'Est par le fleuve Congo et son affluent L'Oubangui qui le séparent de la République démocratique du Congo et à l'ouest par le Gabon.

Son relief est essentiellement constitué du bassin sédimentaire du fleuve Congo et des roches anciennes. Son point le plus élevé est le Mont Nabemba, culminant à 1 040 m, dans le département de la Sangha.

Le Congo est traversé par deux types de végétation :

- La forêt, qui couvre près des deux tiers du territoire national (65 %), est localisée dans le sud (massifs du Chaillu et du Mayombe), au nord-est (forêt inondée) et au nord-ouest (forêt exondée) ;

- La savane, qui s'étend de la vallée du Niari au Plateau central, occupe le tiers du territoire national.

À cheval sur l'équateur, la République du Congo a un climat chaud et humide. La partie septentrionale du pays se caractérise par un climat de type équatorial avec des pluies étalées quasiment tout au long de l'année. On distingue deux saisons de pluies et deux saisons sèches :

- Une grande saison de pluies entre octobre et décembre et une petite entre avril et mai d'une part ;

- Et une grande saison sèche entre juin et août et une petite entre janvier et mars d'autre part.

Le sud-ouest a un climat tropical humide caractérisé par une saison sèche de trois mois (juin à août) tandis que la partie centrale du pays à une position intermédiaire avec un climat subéquatorial.

Le Congo est doté d'un réseau hydrographique important. On note, principalement, la présence du fleuve Congo qui, avec un débit de 40 000 m^3 en moyenne, est le plus puissant au monde après l'Amazone ; en outre, le pays est arrosé par plusieurs affluents de ce grand fleuve dont les plus importants sont, dans la partie septentrionale, l'Oubangui, la Sangha, la Likouala-Mossaka, l'Alima et la Nkéni et, dans la partie méridionale, la Léfini, le Djoué et la Loufoulakari.

B. La situation administrative

Le Congo est subdivisé en 12 départements à savoir : Kouilou, Niari, Bouenza, Lékoumou, Pool, Plateaux, Cuvette-Ouest, Sangha, Likouala, Brazzaville et Pointe-Noire. Ses principales communes sont : Brazzaville (Capitale politique), Pointe-Noire (Capital économique), Dolisie, Nkayi, Mossendjo et Ouesso.

La langue officielle du Congo est le français ; les langues nationales sont le lingala et le Kituba.

C. La situation socio démographique

La République du Congo a une population évaluée à 3 697 490 habitants lors du quatrième Recensement général de la population et de l'habitat d'avril 2007.

Elle est estimée à 5 203 073 d'habitants en 2018, dont 51 % de femmes. Avec un taux de croissance de 3 %. Sa population est majoritairement jeune, plus de 4 personnes sur 10 (47,7 %) ont moins de 20 ans.

Le pays est faiblement peuplé, avec une densité moyenne de 15 habitants au km^2 et moins de 2 habitants au km^2 en dehors des deux grandes villes, Brazzaville et

Pointe-Noire, qui concentrent à elles seules les deux tiers de la population congolaise[2].

L'espérance de vie à la naissance demeure encore à un niveau relativement faible (51,9 ans en 2015), ce qui est proche de la moyenne des pays d'Afrique subsaharienne. Le taux de mortalité maternelle est de 436 décès pour 100 000 naissances vivant en 2015, alors que le taux de mortalité néonatale est de 21 décès pour 1000 naissances vivantes et le taux de mortalité infantile de 56,40 pour 1 000 naissances vivantes selon l'Enquête par grappes à indicateurs multiples (MICS 2014-2015).

Le Congo est un pays à revenu intermédiaire, tranche inférieure, et dont la proportion de la population vivant en dessous du seuil de pauvreté est passée de 50,7 % en 2005 à 46,5 % en 2012 selon l'Enquête congolaise auprès des ménages (ECOM 2012). Cette tendance baissière s'est poursuivie jusqu'en 2014 où le taux de pauvreté a atteint 35 %. Cependant, avec la crise économique, la pauvreté s'est aggravée et le taux est remonté à son niveau des années 2011-2012.

D. Les atouts économiques

Le Congo est fortement doté en ressources naturelles. Il est en grande partie couvert de forêt

---

[2] PIDIKA MUKAWA Didier et TCHOUASSI Gérard (édit) Afrique Central, crise économiques et mécanismes de suivi, CODESRIA, Dakar 2015.

tropicale bénéficiant de fortes précipitations (moyenne annuelle nationale : 1650mm) relativement stable et de vastes terres arables recouvrant environ un tiers de son territoire[3].

Le pays dispose d'un littoral qui s'étend sur environ 170 km le long de l'océan Atlantique, abritant un port en eaux profondes, et contrôle une zone marine s'étendant jusqu'à 200 miles nautiques dans l'océan. Il ouvre l'accès à la mer à deux pays enclavés d'Afrique centrale (Tchad et Centrafrique). Cet accès à la mer lui confère un rôle géostratégique majeur en ce qui concerne l'entrée et la sortie des marchandises[4].

Le Congo dispose également d'un réseau hydrographique très développé, d'un climat propice à l'agriculture, d'une biodiversité d'importance mondiale et de ressources minérales. Ses forêts représentant la troisième étendue forestière d'Afrique et constituent un important stock de carbone.

Le Congo a toujours été un important producteur de bois durs tropicaux. Les principaux produits forestiers incluent les grumes, mais le pays exporte également un

---

[3] KIYINDOU Alain (Édit), communication pour le développement : Analyse critique des dispositifs et pratiques professionnels au Congo-Brazzaville, EME, Fernelmont, 2018.
[4] Ministère du plan et de l'aménagement du territoire économique et du NE-PAD, Schéma national d'Aménagement du territoire de la République du Congo-Brazzaville août 2005.

volume limité de bois sciés et de panneaux à base de bois. La production forestière fournit également du bois de chauffe, du charbon de bois, des produits forestiers non ligneux, des aliments et des médicaments. Le pays dispose d'un fort potentiel de croissance dans les secteurs des produits alimentaires et des cultures commerciales[5].

La République du Congo est dotée d'une grande diversité de ressources naturelles qui représentent un grand potentiel de développement économique. Le pétrole, le bois, la potasse, le magnésium, le gaz naturel, l'hydroélectricité et le minerai de fer ne sont que quelques-unes des ressources naturelles sur lesquelles le Congo peut compter pour son développement.

L'essor de l'industrie extractive, la découverte de nouvelles ressources et le contexte international ont été les facteurs déterminants de l'évolution de la structure de l'économie congolaise.

Le Congo possède d'importantes réserves de pétrole. Selon l'administration américaine de l'information sur l'énergie (EIA, 2014), les réserves prouvées de pétrole du Congo sont évaluées à 1,6

---

[5] Ministère de l'Agriculture et de l'élevage, cadre opérationnel de mise en œuvre du programme national pour la sécurité alimentaire (PNSA) 2015-2016, Brazzaville, 2016, stratégie.

milliard de barils, la quatrième plus grande réserve prouvée de pétrole de l'Afrique subsaharienne.

Le pays détient également des ressources importantes en sables bitumineux (sables imprégnés de bitumes) dans la région côtière du Kouilou.

Outre le pétrole, le Congo dispose de réserves prouvées de gaz naturel qui pourraient faire l'objet d'une exploitation à terme.

Le Congo possède un potentiel minéralier dont un gisement de fer classé parmi les plus grands d'Afrique occidentale et centrale. L'industrie minière du Congo comprend également la production de ciment, de potasse, de diamant et d'or.

De manière générale, les richesses naturelles du Congo sont considérables et pourraient l'aider à diversifier son économie actuellement centrée sur le pétrole (ITIE, 2013). En effet, le stock des richesses naturelles du pays (estimé à 14 679 USD par habitant en 2005) est supérieur à la moyenne des pays de l'Afrique subsaharienne (3 900 USD par habitant) et supérieur à la moyenne des pays à revenu intermédiaire tranche inférieure (4 357 USD par habitant).

E. La vision : « la marche vers le développement allons plus loin ensemble »

« La marche vers le développement – Allons plus loin ensemble » le projet de société du président de la République à l'élection présidentielle de 2016, devenu programme du gouvernement, est organisé en six axes[6] :

- Mettre les femmes et les hommes au cœur du développement ;
- Conforter le rôle stratégique de l'État dans l'économie et la sphère sociale ;
- Consolider et pérenniser la croissance économique inclusive par la diversification et les réformes économiques ;
- Préparer les jeunes à l'emploi par la formation qualifiante ;
- Arrimer le Congo au développement de l'économie numérique ;
- Et poursuivre les réformes institutionnelles.

Le programme national de développement (PND) 2018-2022 reflète ces préoccupations à travers ses

[6] Ministère du Développement industriel et de la promotion du secteur privé politique d'appui à la diversification des ressources de croissance dans le secteur industriel, exposé du ministre Foire de pointe noire, juillet 2015.

différents piliers, et constitue un cadre d'opérationnalisation de cette vision.

F. Les engagements internationaux

Le gouvernement entend faire du PND 2018-2022 un cadre intégrateur et fédérateur de ses engagements internationaux et régionaux. Il s'agit notamment :

- Des objectifs de développement durable (ODD) des Nations-Unies à l'horizon 2030 ;
- De l'Agenda 2063de l'Union africaine.
- Ainsi que du programme économique régional (P.E.R.) de la CEMAC.

1) Les objectifs de développement durable (ODD)

La République du Congo, de concert avec 192 autres États membres de l'Organisation des Nations Unies, a souscrit en 2000 à la déclaration du Millénaire pour convenir d'éradiquer la pauvreté, d'améliorer l'accès des populations les plus vulnérables à l'éducation, aux soins de santé, de promouvoir un environnement durable et d'intensifier le partenariat mondial pour le développement, c'est à travers l'accomplissement de huit objectifs du millénaire pour le développement (OMD) à l'horizon 2015[7].

À l'échéance le bilan a révélé que malgré quelques progrès, les objectifs fixés n'ont pu être atteints. Beaucoup d'efforts devront être déployés pour améliorer de façon significative les conditions de vie des peuples en général, et des Congolais en particulier[8].

Les défis majeurs de développement identifiés et transcrits dans les OMD, restent d'actualité et appellent un engagement et une détermination plus accrus[9]. C'est à cet effet que la communauté internationale a adopté en septembre 2015, à New York, dix-sept objectifs de développement durable (ODD) dont l'entrée en vigueur a été effective et 1er janvier 2016. Le Congo, à l'instar des autres États, entend opérationnaliser ces engagements à travers le PNC. Dans cette perspective, le gouvernement de la République du Congo a démarré un exercice d'appropriation nationale et de contextualisation des ODD, le 12 décembre 2016, avec le lancement officiel de l'Agenda 2030. Cet exercice, mené avec l'appui technique et financier du programme

[7] Banque mondiale Républic of Congo-Brazzaville, investment climate policy note, droft reporst june 2018.
[8] SASSOU-N'GUESSO Denis, le chemin d'avenir de l'espérance à la prospérité 2009-2016, présidence de la république du Congo-Brazzaville, 2009.
[9] PUND Congo-Brazzaville, rapport national sur le développement humain différent numéro 2010-2018.

des Nations unies pour le Développement (PNUD), a permis d'identifier quatorze ODD prioritaires pour le PND 2018-2022.

2) L'Agenda 2063 de l'Union africaine

Publié en avril 2015 par la commission de l'Union africaine, l'Agenda 2063 constitue un plan pour la transformation structurelle de l'Afrique pour les cinquante prochaines années, aux termes desquelles les pays africains auront accédé au statut de pays nantis.

L'Agenda 2063 énonce, par la voix des peuples d'Afrique et de sa diaspora, une vision panafricaine durable pour une « Afrique intégrée, prospère et pacifique, dirigée par ses propres citoyens, et représentant une force dynamique sur la scène mondiale ».

En vue d'opérationnaliser cette vision, un plan décennal 2013-2023 a été élaboré. Ce plan, le premier d'une série de cinq qui se succèderont pendant les 50 prochaines années, a été adopté par le Sommet des chefs d'État en juin 2015 comme base pour la préparation des programmes de développement à moyen terme des États membres de l'Union, des communautés économiques régionales et des organes de l'Union africaine.

Le PND offre un cadre intégré de planification stratégique pour la prise en compte de l'agenda 2063 dans le plan d'action du gouvernement congolais.

3) L'intégration sous régionale[10]

Le Congo est membre de deux organisations d'intégration régionale en Afrique centrale. La première est la communauté économique et monétaire de l'Afrique centrale (CEMAC), créée en mars 1994. Elle comprend six États, à savoir le Cameroun, le Congo, le Gabon, la Guinée Équatoriale, la République centrafricaine et le Tchad. Ces États partagent une monnaie commune ainsi qu'un tarif extérieur commun (TC).

La seconde est la communauté économique des états de l'Afrique centrale (CEEAC), née en décembre 1981.

Malgré les déclarations et les protocoles signés pour doper le commerce intra régional au sein de la CEMAC, les résultats sont restés très en deçà des attentes. Comme indication, la part du commerce intra régional entre pays de la CEMAC ne dépasse pas 5 % du commerce extérieur des pays membres.

Les exportations du Congo vers les pays de la CEMAC, essentiellement destinées au Gabon, ne représentent que 3 % du commerce intra régional.

---

10 DZAKA KIKOUTA Théophile et MAYOUKOU Célestin, Penser au développement du Congo-Brazzaville in Kiyoundoun Alain, communication pour le développement *op.cit.*

Cependant, les importations du Congo des autres pays de la CEMAC (43 %) sont plus importantes et concernant principalement des produits agroalimentaires en provenance du Cameroun.

Dans le cadre de la CEEAC, les échanges commerciaux intracommunautaires sont très faibles et affichent une tendance à la baisse depuis plusieurs années.

Les États membres de la CEMAC sont conscients de cette situation et résolus à inverser les tendances et intensifier le commerce afin d'accélérer la croissance et la transformation des économies de la région.

C'est pourquoi le Congo et ses voisins de la CEMAC ont adopté un ambitieux programme de transformation économique et sociale, à savoir le Programme économique et régional (PER).

Le PER vise à « faire de la CEMAC en 2025 un espace économique intégré émergent où règnent la sécurité, la solidarité et la bonne gouvernance, au service du développement humain ».

Le PER constitue désormais le document de référence de l'action communautaire ; il indique comment, en approfondissant l'intégration régionale et la coopération sur les questions communautaires et transfrontalières, les états pourront compléter les plans nationaux et accélérer la transformation et la croissance économiques.

Pour ce faire, il est important que le programme communautaire soit bien reflété dans les plans de développement de chacun des États membres.

Un programme d'élaboration d'un PER-volet pays pour chaque État membre, a même été initié à cet effet. Pour sa part, le Congo entend rester fidèle à ses engagements communautaires et, à travers le PND 2018-2022, loger effectivement le PER dans son processus national de planification stratégique et opérationnelle.

4) La transformation de l'économie : accent mis sur l'agriculture, le tourisme, l'industrie impulsés par le secteur privé

Il est devenu impératif d'accélérer la diversification de l'économie et de réduire les importations pour économiser les devises.

En cela, l'agriculture et la forêt constituent des secteurs porteurs de croissance, où le Congo a des atouts compétitifs indéniables, et qui sont en mesure de générer des revenus pour une grande partie de la population, notamment dans le monde rural et parmi les femmes.

La croissance de ces secteurs permettrait non seulement de réduire la pauvreté, mais aussi d'économiser des devises en réduisant les importations (cas des produits alimentaires) ou d'en générer (cas des produits de rente).

Ainsi, le développement de ces secteurs renforcerait la position extérieur, et donc la monnaie permettrait d'accroître la résilience de l'économie congolaise, d'améliorer la stabilité des ressources budgétaires et donc des dépenses stratégiques, et grâce à cela, de renforcer la capacité du gouvernement à poursuivre la mise en œuvre du PND de façon plus soutenue. Elle permettrait aussi d'accélérer la croissance inclusive, de créer des emplois, de réduire la pauvreté, notamment dans le monde rural, et de renforcer la souveraineté alimentaire du Congo.

En d'autres termes, s'engager résolument dans la diversification autour de ces secteurs permettrait au Congo de réaliser des progrès importants vers l'atteinte des ODD principaux dont la croissance du revenu par tête, la réduction du sous-emploi et de la pauvreté monétaire, le renforcement de la sécurité alimentaire et l'inclusion économique des pauvres et des femmes, notamment en zone rurale.

Le rôle du secteur privé

L'accent mis sur la diversification signifie aussi une attention accrue en faveur des opérateurs privés en tant que véritables acteurs de la transformation. Cela signifie aussi un recentrage du rôle de l'État. À travers le PND, l'état congolais s'est résolu à faire du secteur privé le vrai acteur de la diversification et la transformation de l'économie.

Dans cette perspective, l'État entend, à travers les réformes, rendre l'espace économique compétitif et le climat des affaires attractif afin d'encourager privée nationale et internationale.

L'État se retire des activités de production de biens et services pour se concentrer sur la provision adéquate des facteurs de production – capital humain, infrastructures principalement, ainsi que les services publics, les politiques commerciales, celles de renforcement du cadre des affaires, et sur la gouvernance.

C'est pourquoi dans le PND 2018-2022 l'essentiel de la stratégie de transformation de l'économie repose directement sur le secteur privé.

L'économie repose directement sur le secteur privé et du climat des affaires des sous-axes stratégiques essentiels pour accompagner la diversification de l'économie.

5) La gouvernance économique

- Diagnostic

Il faudra une amélioration concertée de la gouvernance économique dans toutes ses composantes, à savoir :

- La gestion macroéconomique et des finances publiques ;
- La gestion des entreprises publiques ;
- Et la promotion du secteur privé.

Conscient des faiblesses relevées, le gouvernement est résolu à :

- Renforcer ses politiques macroéconomiques afin d'éviter les crises et l'instabilité macroéconomique ;
- Réformer les entreprises publiques afin d'améliorer les services et réduire leur poids sur les ressources publiques.
- Et renforcer le cadre des affaires pour le rendre plus motivant pour l'entreprise privée.
- Stratégie et programmes majeurs
- Renforcer les politiques macroéconomiques

Le gouvernement entend poursuivre une politique permettant la stabilité macroéconomique à moyen terme (croissance économique soutenue, inflation, maitrisée déficit budgétaire maitrisé et endettement soutenable).

- Mener une politique résolue de constitution d'épargne budgétaire.

Le gouvernement entend mener une politique budgétaire mettant en place des mécanismes de constitution et de gestion des réserves budgétaires afin de renforcer la stabilité macroéconomique.

- Renforcer l'ancrage budgétaire

Le gouvernement entend ancrer les dépenses les plus incompressibles, notamment les dépenses de fonctionnement sur les ressources les plus stables notamment les recettes fiscales ; cela permet au gouvernement d'assurer la stabilité du budget. Le gouvernement vise un taux de prélèvement fiscal de l'ordre de 33 %, ce qui signifie que les dépenses courantes devraient être plafonnées autour de 33 % du PIB hors pétrole.

- Renforcer la planification stratégique et les capacités d'exécution

Le gouvernement entend améliorer la planification stratégique. Il s'agira de :

- Disposer de politiques sectorielles ;
- Réaliser les revues du PND,
- Réaliser les études préalables de faisabilité pour tout projet à inscrire au budget d'investissement ;
- Réaliser les opérations statistiques de base ;
- Respecter les engagements économiques internationaux, régionaux et sous régionaux.

Le gouvernement entend suivre la mise en œuvre de la diversification économique sur base notamment des domaines de concentration que sont, l'agriculture au sens large, le tourisme et les industries de sorte que tous les secteurs contribuent substantiellement à la formation du produit intérieur brut.

- Promouvoir la qualité des investissements publics.

Cela constitue un instrument par lequel l'État offre un environnement propice au développement des activités lucratives et stimule l'investissement privé. Entre 2012 et 2016, le Congo à réaliser d'importants investissements qui ont amélioré de façon substantielle son patrimoine infrastructurel.

Le gouvernement entend cibler son intervention en maintenant en capacité opérationnelle les investissements existants.

- Améliorer le système fiscal.

Il s'agit d'accroître le rendement des administrations fiscales. L'objectif est, d'une part d'explorer de nouvelles niches fiscales tout en respectant le critère de convergence communautaire de 21 % du PIB et, d'autre part, d'assurer une meilleure sécurisation des recettes fiscales.

La stratégie fiscale vise donc à diversifier les sources de la fiscalité grâce notamment au produit attendu et l'augmentation de la part du secteur hors pétrole dans l'économie nationale en vue d'atteindre une contribution de 15 % au PIB en 2012.

En somme, la promotion d'une fiscalité de développement sera un des principaux leviers d'accroissement des ressources au budget de l'État.

- Promouvoir le secteur privé pour l'émergence de grands groupes congolais.

Le gouvernement va œuvrer en faveur de l'éclosion et du raffermissement d'une élite économique, constituée de capacité de capitaines d'industries, investie dans la production, la transformation et l'économie numérique qui offre des gisements d'opportunités pour l'expression des talents.

Le secteur de l'artisanat mieux structuré peut servir de pôle d'émergence du secteur privé congolais.

II. Les perspectives macroéconomiques 2018-2022

1) La croissance, l'inflation et la stabilité macroéconomique

Ai niveau social, les développements vont être empreints des évolutions à la fois des revenus (pétrolier et non pétrolier) et des dépenses publiques.

La croissance des revenus reste insuffisante pour insuffler un recul de la pauvreté et une nette amélioration des conditions de vie des populations.

En effet, avec une croissance de la population de l'ordre de 2,6 % par an, la croissance économique réelle de 1 % en moyenne par an sur la période 2018-2022 se traduira par un recul du revenu réel par habitant de l'ordre d'un point et demi par an. Ce qui, au lieu d'une amélioration des conditions de vie des populations, se manifestera, bien au contraire, par une dégradation.

Toutes, les effets sur les populations seront plus contenus du fait que les contreperformances sont surtout inhérentes à la production pétrolière.

Le secteur non pétrolier, plus ancré dans le développement social affichera une hausse au-dessus de 2,5 % à partir de 2021 et atteindra 4 % à l'horizon 2022, ce qui signifie un retour à l'amélioration des revenus réels par tête.

2) L'emploi

Bien qu'à défaut de données, l'emploi n'est pas projeté par les outils utilisés, l'on s'attend à une évolution de l'emploi en conformité avec les performances dans les activités non pétrolières.

Ainsi, la croissance moyenne de 1,3 % qui sera enregistrée sur la période au niveau du PIB non pétrolier s'accompagnera d'une création d'emplois.

De plus cette croissance sera portée par le secteur agricole et le développement des services connexes aux activités touristiques (hôtellerie, transport, restaurant) qui sont très consommateurs de main d'œuvre.

Il s'en suivrait alors une réduction du chômage.

3) La réduction de la pauvreté

Sur la période de mise en œuvre du PND, compte tenu de la faiblesse de la croissance résultant à la fois des contraintes budgétaires qui limitent les interventions de l'État et des contractions de revenus inhérente aux contreperformances du secteur pétrolier, le taux de pauvreté estimé à 35 % en 2016 devrait connaître une légère hausse de l'ordre d'un point sur la période.

Cette augmentation est atténuée par le fait que le gouvernement a inscrit au titre de ces priorités au cours de la période 2018-2022, les actions contribuent au bien-être des populations, notamment.

- Le développement de la production agricole qui a un important effet d'entrainement sur les revenus ruraux et une réduction des coûts de certains produits locaux de grande consommation.

- L'accentuation des efforts dans l'éducation et le développement social ;

- L'amélioration des services d'infrastructures qui contribueront à la baisse des prix de certains services essentiels (eau, électricité, transport) ;

- Et les efforts pour sauvegarder les coûts salariaux dans la fonction publique malgré la baisse des dépenses publiques.

-

4) Le développement humain

Au niveau du développement humain, malgré les efforts qui seront consentis par le gouvernement pour accroître les moyens y consacrés, du fait des marges budgétaires déjà très réduites, il sera difficile d'enregistrer des résultats probants[11].

Tout au moins, en inscrivant ces secteurs au titre de ses priorités, le gouvernement va limiter la dégradation de la situation sociale entamée depuis 2014 avec la baisse des revenus.

Au niveau de la santé par contre, les efforts consentis par le gouvernement depuis plusieurs années, avec l'amélioration du plateau technique et l'augmentation de l'offre de soins, devraient porter quelques résultats. En effet, dans ce secteur, beaucoup de grands investissements ont été faits.

Les efforts vont maintenant porter sur l'opérationnalisation de certains investissements à travers des activités d'achèvement.

Comme résultats, le taux de mortalité infanto-juvénile estimé à 68 pour 1000 naissances vivantes affichera une amélioration.

---

[11] PNUD, Rapport mondial sur le développement humain 2017.

*** Les risques**

Le profil de l'économie congolaise tel que décrit est le reflet d'hypothèses formulées autour des ajustements sur les dépenses dans le souci du rééquilibrage budgétaire, de la mise en œuvre rigoureuse de réformes et de plans d'action au niveau des régies financières qui permettront de faire des gains importants de performances, ce qui se traduit par une nette amélioration du taux de pression fiscale. Il est également le reflet de la mise en œuvre rigoureuse de réformes visant à améliorer fortement la qualité des dépenses publiques, notamment des investissements publics pour accroître leur impact sur la croissance économique ; ainsi que d'autres réformes plus générales qui contribueront à améliorer le climat des affaires pour plus d'investissements privés.

Il découle de ses hypothèses une croissance du PIB hors pétrole qui atteindrait 4 % à l'horizon 2022. Toutefois, si les coupes budgétaires (profil des dépenses) peuvent être obtenues par simple décision des autorités budgétaires, la mise en œuvre de réformes nécessite du temps et rencontre souvent de la résistance.

Outre la capacité du pays à conduire les réformes, les hypothèses restent tributaires de la rigueur dans la mise en œuvre du PND 2018-2022 et des programmes clés d'une part, et de l'évolution de l'environnement économique international et de la situation sociopolitique interne d'autre part.

En tout état de cause, tout changement notable dans l'évolution de ses principales hypothèses pourrait avoir un impact sur le taux de croissance, l'évolution des finances publiques, les développements sociaux (la réduction de la pauvreté ainsi que les autres indicateurs sociaux)[12].

C'est pourquoi, le gouvernement doit déploie les efforts nécessaires pour respecter les priorités définies. Dans cette optique, les autorités sont appelé à mettre en œuvre un package minimum de mesures et actions visant à accroître la mobilisation des ressources.

Les efforts porteront en particulier sur les ressources non pétrolières pour compenser en partie le faible niveau des ressources pétrolières, mais également les actions de suivi de la mobilisation renforcées pour mobiliser le maximum des ressources pétrolières, mais également les actions de suivi de la mobilisation des ressources pétrolières seront également renforcées pour mobiliser le maximum de ressources possibles, malgré la baisse du niveau de la production et le maintien des prix à des niveaux bas.

---

[12] NIAMA Michel, analyse de l'impact des réformes économiques sur l'emploi au Congo-Brazzaville (1980-2015), Roneo, VERPOD, Brazzaville, novembre 2011.

Par ailleurs, il veillera à plus de rigueur dans l'affectation des ressources mobilisées en référence aux priorités définies dans le PND pour :

- Soutenir le développement dans les secteurs de l'agriculture et du tourisme ;

- Améliorer les services d'infrastructures économiques et sociales (routes-électricité-eau-éduction-santé) ;

- Permettre la réalisation d'action visant à améliorer substantiellement la gouvernance économique et financière en vue d'inciter le secteur privé à plus d'investissements notamment le privé extérieur.

Conclusion générale

Au terme de cette étude, il est possible de tirer quelques enseignements clefs sur la vulnérabilité de l'économie du Congo-Brazzaville et ses perspectives de diversification.

Cette étude aura permis en effet de mettre au clair la nature intrinsèque de l'économie du Congo-Brazzaville et les différentes facettes de sa fragilité héritées de l'ère coloniales et qui n'ont cessé de se renforcer au cours de la période post-indépendance.

La vulnérabilité de l'économie du Congo-Brazzaville se caractérise par : l'étroitesse de la base de création de la richesse nationale fondée sur un modèle économique « mono productif », une croissance erratique propulsée par le secteur pétrolier, la volatilité des cours du produit d'exportation dominant, une incertitude dans maîtrise des moyens de paiement extérieurs du pays (dette et importations) qui dépendent des revenus non stables de ce secteur, une incertitude dans la maîtrise et la stabilisation des moyens d'action de l'État pour financer les investissements de développement requis, une dépendance (directe, indirecte) du secteur privé de « l'économie du pétrole », une faiblesse ou une inexistence d'un tissu économique porteur interne de la machine économique, un déséquilibre de la géographie économique et des réseaux des transports, un déséquilibre démographique et donc des ressources ou du capital humains, un déséquilibre et une faiblesse du marché interne.

Cette étude fournit au gouvernement et aux autres parties prenantes (secteur privé société civile, régions, districts), les éléments de base pour la formulation d'une stratégie de diversification et sa traduction en programme opérationnel ainsi que la diversité des composantes économiques, politiques et sociales.

Il est heureux de noter que conscient de ces problèmes et la nécessité de penser à l'après-pétrole, le gouvernement ait déjà esquissé une démarche de diversification de l'économie du Congo-Brazzaville dans le PND/DSCERP 2012-2016. Mais compte tenu des faiblesses dans la démarche qui a conduit à la formulation de cette esquisse, cette dernière peut difficilement répondre aux fondamentaux de la multidimensionnalité de la vulnérabilité telle qu'analysée dans cette étude.

Résumé

L'économie de la république du Congo-Brazzaville repose principalement sur l'exploitation des hydrocarbures le long de la côte atlantique. Le bois, les services et une agriculture embryonnaire constituant le reste de l'activité. Le Congo-Brazzaville est un pays en développement inclus dans l'initiative pays pauvre très endettés (IPPTE).

Les deux piliers de l'exportation sont le bois et le pétrole, tous deux exploiter principalement par des compagnies françaises qui versent en contrepartie des devises très importantes à l'État.

Le bois représente une part importante des exportations du Congo-Brazzaville : Acajou, Okoumé, Limba, etc.

L'activité industrielle repose sur la production des biens de consommation : le tabac, le ciment, le textile, le savon, les boissons alcoolisées, les chaussures, etc.

Plus de 95 % du commerce et aux mains des étrangers ou de personnes d'origine étrangères.

Mots-clés : déterminants économiques ; diversification économique ; déterminants de la croissance économique ; déterminants du développement économique ; déterminants du développement durable.

Bibliographie

Présidence de la République, Bilan (1960-2010) et perspective de développement économique social et culturel de la République du Congo-Brazzaville, juin 2011.

SASSOU-N'GUESSO Denis, le chemin d'avenir de l'espérance à la prospérité 2009-2016, présidence de la république du Congo-Brazzaville, 2009.

Ministère du plan et de l'aménagement du territoire économique et du NE-PAD, Schéma national d'Aménagement du territoire de la République du Congo-Brazzaville août 2005.

Ministère du Développement industriel et de la promotion du secteur privé politique d'appui à la diversification des ressources de croissance dans le secteur industriel, exposé du ministre Foire de pointe noire, juillet 2015.

Ministère de l'Agriculture et de l'élevage, cadre opérationnel de mise en œuvre du programme national pour la sécurité alimentaire (PNSA) 2015-2016, Brazzaville, 2016, stratégie.

PNUD, Rapport mondial sur le développement humain 2017.

PUND Congo-Brazzaville, rapport national sur le développement humain différent numéro 2010-2018.

Banque mondiale Républic of Congo-Brazzaville, investment climate policy note, droft reporst june 2018.

PIDIKA MUKAWA Didier et TCHOUASSI Gérard (édit) Afrique Central, crise économique et mécanismes de suivi, CODESRIA, Dakar 2015.

KIYINDOU Alain (Édit), communication pour le développement : Analyse critique des dispositifs et pratiques professionnels au Congo-Brazzaville, EME, Fernelmont, 2018.

DZAKA KIKOUTA Théophile et MAYOUKOU Célestin, Penser au développement du Congo-Brazzaville in Kiyoundoun Alain, communication pour le développement op.cit.

NIAMA Michel, analyse de l'impact des réformes économiques sur l'emploi au Congo-Brazzaville (1980-2015), Roneo, VERPOD, Brazzaville, novembre 2011.

Comparaison des déterminants et des effets des IDE entrants dans les économies des pays côtiers et sahéliens de L'UEMOA

Viviane KOUDOU
Université Félix Houphouët-Boigny
(Côte d'Ivoire)

Introduction

Dans leur stratégie de mobilisation des ressources externes et de politiques économiques, une grande partie des pays en développement accorde de plus en plus d'intérêt aux Investissements Directs Etrangers (IDE) pour essayer de résoudre leurs énormes défis de développement. Et le débat entre les universitaires et les décideurs pendant ces deux dernières décennies se porte sur l'attractivité des IDE dans les économies en développement (c.-à-d. l'Agence multilatérale de garantie des investissements de la Banque mondiale et la Déclaration du Millénaire des Nations Unies). L'Afrique constitue l'une des principales zones de croissance de la planète selon la Banque Mondiale et, l'Union Economique et Monétaire Ouest-Africaine, créée en janvier 1994 à Dakar et dont l'objectif essentiel est l'édification en Afrique de l'Ouest, d'un espace économique harmonisé et intégré, au sein duquel est assurée une totale liberté de circulation des personnes, des capitaux, des biens, des services et des facteurs de production, ainsi que la jouissance effective du droit d'exercice et d'établissement pour les professions libérales, de résidence pour les citoyens sur l'ensemble du territoire communautaire, constitue notre espace d'étude. La présente étude vise principalement à faire le point de l'évolution du processus d'intégration, sur une période aussi longue de plus de 30 ans, sur la base des investissements directs étrangers entrants dans ces pays d'où le thème « Comparaison des déterminants et effets des Investissements directs étrangers dans les économies des pays côtiers et sahéliens de l'UEMOA ». Le recours aux capitaux étrangers, notamment aux IDE comme nouvelle source de financement, est principalement dû aux grands déséquilibres caractérisés par l'insuffisance des ressources intérieures, au regard des besoins de financement de leurs balances de paiement depuis la fin des années 1980 dans la plupart des pays en développement, notamment ceux de l'UEMOA. Les pays du continent développent eux aussi des stratégies pour attirer sur leurs territoires des IDE nécessaires à la consolidation de leur croissance. Ils mettent en avant le rôle crucial de l'IDE dans leur processus de développement (Prasad et al., 2003). Cette conception se manifeste non seulement au niveau institutionnel et également au niveau de la politique économique. L'IDE fait figure de moteur de la croissance économique, car il semble fournir les capitaux dont ces pays ont grandement besoin, nécessaires à l'investissement. Il augmente la concurrence dans les industries des pays hôtes tout en améliorant la productivité des entreprises locales, en adoptant des technologies plus efficaces ou en investissant dans des capitaux humains et/ou physiques. L'investissement direct étranger contribue de manière considérable à la croissance économique, car il est plus stable que les autres formes de flux de capitaux (CNUCED, 2018). Le modèle de croissance de l'espace UEMOA est basé sur la poursuite d'importants programmes d'investissement public (FMI, 2017 ; Banque de France, 2017). Les IDE présentent de nombreux avantages. Ils servent notamment de source de capital, créent des emplois, permettent l'accès aux marchés étrangers et leurs retombées sur les entreprises locales sont positives en termes de technologie et d'efficacité. Étant donné qu'ils permettent un accès aux marchés étrangers, le transfert de technologies et créent généralement des compétences dans les entreprises des pays hôtes, les IDE ne peuvent qu'améliorer l'intégration de ces derniers dans l'économie mondiale tout en favorisant la croissance (Mucchielli (2002), Ajayi (2006)).

Les pays développés se taillent une part importante des entrées d'IDE mondiale avec 962 milliards de dollars soit 55 % en 2015 contre 765 milliards de dollars pour les pays en développement (CNUCED, 2016) et 1032 milliards de dollars contre 646 milliards de dollars pour les pays en développement en 2016. L'Afrique n'a reçu que 54 et 59 milliards de dollars d'IDE en 2015 et 2016 (CNUCED, 2017). L'UEMOA a reçu en 2015 et 2016 des flux d'IDE de 2366 et 2038 millions d'USD courant. Contrairement à la CEMAC qui a reçu sur ces mêmes années respectivement 3913 et 3482 millions d'USD courant d'IDE et l'Afrique en développement qui a reçu sur la même période respectivement 61495 et 59373 millions d'USD d'IDE (CNUCED, 2017). Sur la période de 2014 à 2016, l'UEMOA a enregistré des taux de croissance du PIB réel respectivement de 6,5 %, 6,6 % et 6,8 % en moyenne bien supérieurs au taux de croissance moyen de l'Afrique subsaharienne (4,5 %, 3 %, 1,3 %) et à ceux de la CEMAC (4,8 %, 1,7 % et 0,2 %) sur la même période (BCEAO 2017, BEAC 2017, Banque Mondiale 2018). Pourquoi l'UEMOA avec des taux de croissance beaucoup plus élevés reçoit moins d'IDE ? Y-a-t-il vraiment une relation entre IDE et croissance économique ? En d'autres termes, quelles sont les interactions entre les IDE et la croissance économique ? La littérature empirique existante sur les interactions entre IDE et croissance révèle des résultats mitigés. Des auteurs comme Dutt (1997), Lipsey (2000), Belloumi (2014), Carkovic et Levine (2005) ne trouvent aucune relation significative entre la croissance et les IDE. D'autres trouvent que la relation entre les IDE et la croissance peut aller dans les deux sens : l'IDE peut stimuler la croissance (Kottaridi et al (2010), Barro (1991), Romer (1993), Lucas (1988), Barro et Sala-i-Martin (1995)) ou avoir des effets négatifs sur la croissance (Rothgeb (1984), Blomstom et al. (1992), Saltz (1992) et Meschi (2006)) ; mais également, a croissance économique pourrait-être un facteur d'attractivité des IDE (Alaya (2004), Li et Liu (2005), Bulard (2016), Asiedu (2013)). Elle relève également que les IDE sont supposés stimuler la croissance par des canaux de transmission (Alaya 2004, Esso 2005, Vogiatzoglou et Thi, 2016). Les IDE à destination de l'UEMOA constituent la deuxième source de financement extérieur des pays de l'Union après les envois de fonds des migrants et devant l'aide publique au développement (BCEAO, 2015). Dans un contexte de repli du financement extérieur, le marché régional de la dette publique a été la principale source de financement de la croissance ces dernières années (FMI,

2018). Bien que ce niveau d'endettement soit jugé encore viable par l'analyse des services du FMI, les vulnérabilités se sont accentuées. Attirer le maximum d'IDE dans la zone afin d'y stimuler une croissance soutenable par les IDE devient une préoccupation majeure. Cette étude voudrait lever le voile en répondant à ces trois questions : (i) quels sont les déterminants des IDE pour les deux groupes de pays au sein de l'UEMOA ? (ii) Quel est l'effet des IDE sur les économies des pays côtiers et des pays sahéliens ? (iii) Quels sont les canaux par lesquels ceux-ci agissent sur la croissance économique des deux groupes de pays ? La réponse à ces questions ne peut être clairement perçue dans la littérature théorique, car les effets des IDE sur la croissance économique pour les pays africains théoriquement ne sont pas clairs. Quelques faits stylisés montrent que le taux de croissance du PIB évolue plus vite que celui des IDE dans l'UEMOA.

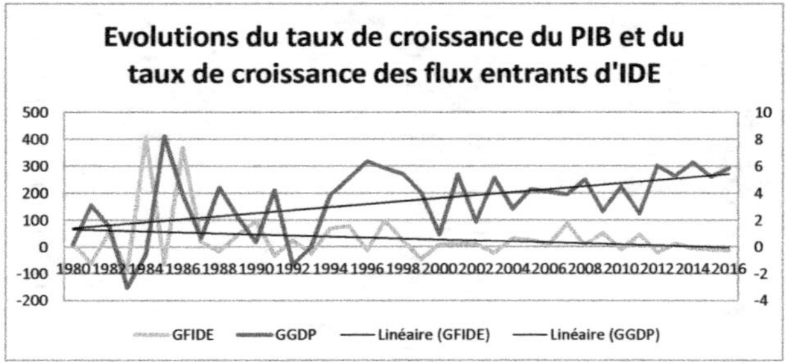

So
urce : Auteur à partir de la base de données BM/CNUCED allant de 1980 à 2016.

La problématique des IDE est de plus en plus importante et d'actualité en Afrique subsaharienne en général et dans la zone UEMOA en particulier. Les études spécifiques sur les IDE dans les pays de l'UEMOA restent très embryonnaires et très peu nombreuses. La décomposition de notre échantillon UEMOA en deux groupes présentant des caractéristiques communes_ le groupe des pays côtiers - Bénin, Côte d'Ivoire, Sénégal et Togo – et le groupe des pays du sahel - Burkina, Mali, Niger et la comparaison des déterminants et des effets des IDE dans ces deux groupes de pays constitue une première pour l'espace UEMOA à notre connaissance au regard de la littérature existante.

Cette étude nourrit donc l'ambition d'apporter une modeste contribution aux études déjà menées sur les IDE dans l'UEMOA.

Il s'agira pour nous dans un premier de temps d'exposer nos objectifs de recherche suivis de notre problématique, puis dans un second temps de faire une revue de la littérature économique sur le débat des déterminants et effets des IDE et d'utiliser une analyse sur données de panel pour les deux groupes de pays de l'UEMOA sur la période allant de 1980 à 2016 en utilisant une modélisation par les SEM (Simultaneous Equations Model), méthode d'estimation dite à information complète (Full Information Maximum

Likelihood (FIML) et de comparer les résultats issus des régressions. Enfin avec nos résultats, il sera bon de formuler des recommandations de politiques économiques.

Objectifs de l'étude et hypothèses de recherche

L'objectif général de cette étude est de faire une analyse comparée des facteurs explicatifs des IDE tout en recherchant les mécanismes par lesquels ils agissent sur les économies des pays côtiers et sahéliens de la zone UEMOA. De façon spécifique, il s'agira : - d'identifier les déterminants des investissements directs étrangers des deux groupes de pays et de les comparer ; - de déterminer et de comparer les effets directs des IDE sur les économies et les canaux de transmission des IDE sur la croissance économique des deux groupes de pays.

Afin d'atteindre nos objectifs, nous formulons les trois (3) hypothèses suivantes :

H1 : La croissance économique (G), les investissements domestiques (ID), le capital humain (KH), les exportations (EXPORT), la dette (DEBT), les ressources naturelles (NRES), le degré d'ouverture (OUV) influencent positivement les IDE dans les deux groupes de pays.

H2 : Les IDE ont un effet positif sur le taux de croissance économique, le capital humain, les investissements domestiques et les exportations dans les pays côtiers et sahéliens de l'UEMOA.

H3 : Les IDE influencent positivement la croissance économique par le canal du capital humain, des investissements domestiques et des exportations dans les deux groupes de pays de l'espace UEMOA.

Pour confirmer ou infirmer ces hypothèses de recherche, notre modèle d'équations structurelles suivra une démarche composée d'un ensemble d'étapes successives que sont : la spécification de nos variables endogènes et exogènes, l'identification et l'estimation par la méthode adéquate de notre modèle ((Bollen et Long (2010) ; Schumacker et Lomax (2010) et Greene (2016).

Contribution

L'Afrique en général et les pays de l'Afrique de l'Ouest en particulier font face, aujourd'hui, à d'énormes défis de développement et plusieurs d'entre ces pays se retrouvent être dans le groupe de pays les plus pauvres et les plus endettés du monde. L'Union économique et monétaire ouest-africaine (UEMOA) voudrait réussir l'intégration économique dans la sous-région, afin d'assurer de façon durable le développement socioéconomique de l'espace communautaire. L'intérêt pour l'analyse théorique et empirique des investissements directs étrangers est donc d'actualité dans la mesure où les IDE constituent la première source de financement extérieure pour les pays en développement et la deuxième source de financement extérieur pour les pays de l'UEMOA. Les théories de la croissance se fondent sur l'hypothèse que la croissance génère par elle-même le progrès technique. Si tel est le cas, comment attirer plus d'IDE vers nos économies pour accélérer le progrès technique par ricochet le développement socioéconomique ? La plupart des études menées dans le cadre des IDE dans l'UEMOA se sont axées sur les déterminants des IDE ((Dje, 2007), (Koukpo, 2005). Cette étude sur la comparaison des IDE entrants, leurs effets sur les économies des pays côtiers et sahéliens de l'UEMOA et les leurs canaux de transmission par lesquels ceux-ci agissent sur la croissance économique de ces économies constitue à notre connaissance, la première étude menée dans ce domaine pour l'espace UEMOA, au regard de la littérature existante.

Revue de littérature

En général, la littérature économique identifie les facteurs explicatifs des IDE, dans les pays en développement, en deux groupes. Les facteurs dits « push factors » se composent des variables liées aux motivations et à la nature des investisseurs étrangers (Mody et Murshid, 2002 ; Calvo et al, 1993) et les facteurs dits « pull factors » qui se composent généralement des variables telles que la performance et les politiques macroéconomiques, le degré d'ouverture, le niveau des taxes, les mesures incitatives, la qualité des institutions juridiques, l'indice risque pays, le régime politique, la taille du marché domestique et les ressources naturelles (Collins, 2002). La performance d'un cadre macroéconomique propice et stable est une condition nécessaire pour l'attraction des flux d'IDE. Selon Kinda Tidiane (2009) « Les facteurs internes ou « pull factors » caractérisent de manière générale les conditions macroéconomiques d'un pays qui peuvent influencer les flux de capitaux privés à destination de ce pays. Ils incluent entre autres le taux de croissance économique, le taux d'intérêt domestique, la fiscalité, le taux d'inflation et la volatilité du taux de change ». Également pour Asiedu (2013), Dabla-Norris et al (2010), Arbatli (2011), Anyanwu (2011), Martine Bullard (2016), ces conditions comprennent notamment la qualité des infrastructures socio-économiques, la taille du marché, le niveau de développement du capital humain, la distance entre le pays et les principaux marchés internationaux, le coût du travail, l'ouverture au commerce international, la politique de change, les incitations fiscales et non fiscales, la stabilité politique, la politique monétaire et le degré de libéralisation du système financier, les ressources naturelles. Ces facteurs jouent un rôle dominant dans l'explication de ces flux. L'avènement de la théorie de la croissance endogène a encouragé la recherche sur les canaux, par lesquels, l'IDE peut promouvoir la croissance à long terme. Romer (1993), stipule que les firmes multinationales en fournissant de nouvelles connaissances aux pays en développement, réduisent les écarts technologiques entre ces pays et les pays avancés, ce qui peut constituer un facteur important de croissance et de convergence économique. Les facteurs comme le capital humain, l'accumulation du capital, le commerce international et la politique gouvernementale, qui selon la théorie de la croissance endogène expliquent la croissance, à long terme, pouvant être véhiculés par l'IDE. L'IDE, est supposé, stimuler la croissance, par la création d'avantages comparatifs dynamiques conduisant au transfert de technologie, l'accumulation du capital humain et l'intensification du commerce international (OCDE, 2002). Ces avantages dynamiques, souvent connus sous le nom des spillovers, sont liés les uns aux autres, complémentaires, et ne doivent pas être étudiés séparément. En effet, le gain engendré par l'IDE sur un facteur de la croissance est susceptible de stimuler le développement des autres facteurs, une sorte de synergie. Constantina Kottaridi et al (2010) en passant par des preuves empiriques qui tiennent compte des effets non linéaires du revenu initial et de capital humain sur la croissance, ont conclu que les entrées des IDE ont renforcé la croissance économique des pays à revenu intermédiaire. La littérature empirique sur les IDE, nous révèle que des auteurs comme Dutt (1997), Lipsey (2000), Belloumi (2014), Carkovic et Levine (2005) ne trouvent aucune relation significative entre la croissance et les IDE. D'autres trouvent que la relation entre les IDE et la croissance peut aller dans les deux sens : l'IDE peut stimuler la croissance ((Kottaridi et al (2010), Barro (1991), Romer (1993), Lucas (1988), Barro et Sala-i-Martin (1995)) ou avoir des effets négatifs sur la croissance (Rothgeb (1984), Blomstom et al. (1992), Saltz (1992) et Meschi (2006)) ; mais également, a croissance économique pourrait-être un facteur d'attractivité des IDE (Alaya (2004), Li et Liu (2005), Bulard (2016), Asiedu (2013)). Elle relève également que les IDE sont supposés stimuler la croissance par des canaux de transmission (Alaya 2004, Esso 2005, Vogiatzoglou et Thi, 2016).

Au regard de cette brève revue de la littérature économique, il ressort que les conclusions sur les déterminants et effets des IDE sur la croissance restent mitigées. Des études spécifiques sur les pays africains de l'Union économique et monétaire ouest-africaine sont très peu nombreuses et nous n'avons pas pour l'heure, connaissance, d'études combinées menées sur les déterminants, les effets et sur les canaux de transmission par lesquels les IDE agissent sur la croissance économique et sur les économies des groupes de pays de l'UEMOA. Cette étude voudrait lever le voile sur ce point.

Méthodologie et données

Cette section concerne l'approche méthodologique basée sur les données de panel qui traite du modèle choisi, du problème d'endogénéité, de nos variables et du traitement des statistiques disponibles pour une application aux pays membres de l'UEMOA.

En effet, l'étude des déterminants des investissements directs étrangers dans les pays côtiers et sahéliens de l'UEMOA et la prise en compte de leurs effets sur ses économies et la croissance économique par les canaux de transmission constitue une source de renseignements indispensables et incontournables dans le financement du développement des économies africaines à plus grande échelle. Nous avons affaire aux pays de l'UEMOA excepté la Guinée Bissau (Bénin, Côte d'Ivoire, Sénégal, Togo –pays côtiers et Burkina Faso, Mali, Niger –pays sahéliens) avec des panels cylindrés observés de 1980 à 2016. Cette caractéristique des données nous impose le recours à l'économétrie des données de panel comme technique d'estimation. Les données de panel sont encore appelées données individuelles-temporelles. En général, les données macro-économiques sont disponibles dans des services spécialisés des institutions économiques, financières et monétaires. Ainsi dans le cadre de cette étude, nous avons recueilli nos données dans les bases de données de la banque mondiale, de la CNUCED et de la Penn World Table. Les données de panel possèdent deux dimensions : une pour les individus (ou une quelconque unité d'observation) et l'autre pour le temps. Elles sont généralement indiquées par les indices *i* et *t* bases de données respectivement. Pour satisfaire aux contraintes et hypothèses de l'outil économétrique, nos données ont fait l'objet de transformations mathématiques et statistiques. Après avoir fait les statistiques descriptives qui nous ont permis de liguer certaines variables dont les données étaient toutes positives et qui avaient de très importants écarts dans leurs valeurs ; les tests de multicolinéarité qui ont révélé que nos données ne souffraient pas de problème de multicolinéarité et nos tests de stationnarités (Levin - Lin – Chu (2002), Im – Pesaran – Shin (2003) et Fisher-type (Choi 2001) dont l'hypothèse nulle est : toutes les données de panels contiennent une racine unitaire) qui ont montré que toutes nos variables n'étaient pas stationnaires à niveau et celles qui n'étaient pas stationnaires à niveau, l'étaient en différence première ; nous avons fait nos tests de spécification qui ont révélé que nos modèles à estimer pour nos échantillons étaient des panels hétérogènes à effets fixes. Nos modèles sont enrichis par certaines variables financières, économiques, institutionnelles, telles que les flux d'IDE (IDE), les investissements domestiques (ID), le capital humain (KH), les exportations des biens et services de chaque pays de l'UEMOA pris comme proxy du commerce international (EXPORT), le taux de change (TCHANG), le degré d'ouverture (OUV), le taux d'intérêt (INTÉRÊT), l'épargne domestique (ÉPARGNE), le produit intérieur brut par habitant pris comme proxy du revenu des parents (PIBH), le nombre de souscriptions aux lignes téléphoniques fixes comme proxy de développement technologique (ABTEL), la dette extérieure (DEBT), le taux de croissance (G), la taxe sur les importations prise comme proxy des taxes sur le commerce international (TAXIMP) et la rente sur les ressources naturelles (NRES). Ces tests nous amènent à réécrire les équations de la croissance, des investissements directs étrangers, du capital humain, des investissements domestiques et des exportations pour nos deux échantillons comme suit :

$$\boldsymbol{G}_{it} = \alpha_{1i} + \alpha_{11}\boldsymbol{IDE}_{it} + \alpha_{12}\boldsymbol{lKH}_{it} + \alpha_{13}\boldsymbol{ID}_{it} + \alpha_{14}\boldsymbol{EXPORT}_{it} + \varepsilon_{1it} \quad \textbf{(1')}$$

$$\boldsymbol{IDE}_{it} = \alpha_{2i} + \alpha_{21}\boldsymbol{G}_{it} + \alpha_{22}\boldsymbol{lKH}_{it} + \alpha_{23}\boldsymbol{ID}_{it} + \alpha_{24}\boldsymbol{EXPORT}_{it} + \alpha_{25}\boldsymbol{NRES}_{it} + \alpha_{26}\boldsymbol{lOUV}_{it} + \alpha_{27}\boldsymbol{lDEBT}_{it} + \varepsilon_{2it} \quad \textbf{(2')}$$

$$\boldsymbol{KH}_{it} = \alpha_{3i} + \alpha_{31}\boldsymbol{IDE}_{it} + \alpha_{32}\boldsymbol{lPIBH}_{it} + \alpha_{33}\boldsymbol{ABTEL}_{it} + \varepsilon_{3it} \quad \textbf{(3')}$$

$$\boldsymbol{ID}_{it} = \alpha_{4i} + \alpha_{41}\, \boldsymbol{IDE}_{it} + \alpha_{42}\boldsymbol{G}_{it} + \alpha_{43}\boldsymbol{ÉPARGNE}_{it} + \alpha_{44}\boldsymbol{INTÉRÊT}_{it} + \varepsilon_{4it} \quad (4')$$

$$\textbf{EXPORT}_{it} = \alpha_{5i} + \alpha_{51}\, \boldsymbol{IDE}_{it} + \alpha_{52}\, \boldsymbol{lTCHANG}_{it} + \alpha_{53}\, \boldsymbol{lTAXIMP}_{it} + \varepsilon_{5it} \quad (5')$$

où ε_{1it}, ε_{2it}, ε_{3it} ,ε_{4it}, ε_{5it} représentent les termes d'erreur.

En plus de la gestion des effets individuels, la question de l'hétéroscédasticité et de l'autocorrélation a été corrigée sur nos différents échantillons par la méthode des moindres carrés généralisés. Nous avons également fait, le test de Nakamura et Nakamura (1998) sur les variables de nos différents échantillons. Les tests ont révélé que seule la variable degré d'ouverture dans l'équation des IDE était parmi nos variables explicatives pour l'échantillon pays côtiers, une variable explicative endogène. Avant de procéder à la condition d'identification. Mais avant, nous avons procédé au test de Chow (1960) sur nos deux échantillons qui a montré que nos modèles étaient globalement stables. De ce fait, la dévaluation du FCFA intervenue en 1994 n'a pas eu d'effet différencié sur la stabilité des coefficients du modèle. La résolution du problème d'identification précède l'estimation. La condition d'ordre a montré que toutes nos équations pour nos deux modèles étaient suridentifiées. Pour la condition de rang, les praticiens nous disent de la considérer comme un acquis au-delà d'un système de plus de trois équations (Greene 2016). Nos modèles contiennent plus de trois (3) équations soit cinq (5) équations dans chaque modèle. Nous la considérons comme acquise. L'analyse des effets des IDE s'effectuera par la spécification de quatre équations ayant les déterminants classiques de la croissance économique en endogène : une équation permettant de voir l'effet d'éviction ou d'entrainement des IDE sur l'investissement domestique, une autre permettant de déterminer l'effet des IDE sur le capital humain, une troisième sur les effets des IDE sur les exportations. La dernière équation, ayant la croissance du PIB en endogène, permettra de montrer l'effet des variables matérialisant les canaux de transmission des IDE sur la croissance économique et enfin avec nos résultats, de formuler des recommandations de politiques économiques.

6.0 Comparaisons des Résultats de nos régressions

Tout en rappelant que le but de cette étude est de faire une analyse comparée des facteurs explicatifs des IDE tout en recherchant les mécanismes par lesquels ils agissent sur les économies des pays côtiers et sahéliens de la zone UEMOA, les résultats de nos estimations sont :

6.1 Pour les déterminants des IDE

Les investissements directs étrangers sont généralement motivés par des facteurs d'attractivité et d'impulsion, Ajayi (2006). Les facteurs d'impulsion sont relatifs aux pays d'origine tandis que les facteurs d'attractivité dépendent des caractéristiques spécifiques aux pays hôtes. Dans cette étude, ils sont exprimés en milliard de dollars.

Tableau 1 : Investissements Directs Etrangers pour les pays côtiers et sahéliens de l'UEMOA

	UEMOA	Pays Côtiers	Pays Sahéliens
Variables	**Fixed Effect Model**	**Fixed Effect Model**	**Fixed Effect Model**
G	**0,005****	**0,006*****	**0,009****
	(0,002)	**(0,002)**	**(0,004)**
lKH	**0,017*****	**0,030*****	**0,007***
	(0,004)	**(0,006)**	**(0,004)**
dID	**-0,002**	**-0,003**	**-0,001**
	(0,001)	**(0,003)**	**(0,001)**
d'EXPORT	**0,035*****	**0,042****	**0,050*****

(0,006) (0,019) (0,012)

d'NRES 0,016* 0,009** 0,016***

(0,005) (0,004) (0,008)

lOUV 0,117* 0,056 0,086****

(0,030) (0,044) (0,043)

lDEBT 0,049* 0,100*** 0,121*****

(0,019) (0,023) (0,043)

IDE L2. ------- 0,469* -------**

(0,073)

cons 0,089 0,018 0,065**

(0,039) (0,060) (0,082)

Source : Auteur à partir de la base de données BM/BCEAO/PWT/CNUCED ;

Note : ***, ** et * : significatifs respectivement au seuil de 0,01 ; 0,05 et 0,10.

Nous retenons que pour les pays de l'UEMOA, les pays côtiers et du sahel de l'UEMOA, l'on a les mêmes déterminants à l'exception du degré d'ouverture qui n'est pas un facteur d'attractivité pour les pays côtiers. On observe des différences statistiques significatives lorsqu'on compare nos deux sous échantillons (pays côtiers et pays sahéliens). Une comparaison des coefficients aux différents seuils d'attractivité révèle que les coefficients sont significatifs au seuil d'attractivité pour la croissance économique de 0,01 ; le capital humain de 0,01 et la rente sur les ressources naturelles de 0,05 pour les pays côtiers et significatifs au seuil de significativité pour les pays du sahel respectivement de 0,05 ; 0,10 et 0,10. Pour dire que la croissance économique, le capital humain et la rente sur les ressources naturelles sont des facteurs d'attractivité des IDE plus importants dans les pays côtiers que dans les pays sahéliens. Pour la dette, nous avons le même seuil de significativité de 0,01 pour les coefficients des deux groupes. La dette constitue un déterminant majeur d'attractivité des IDE tant pour les pays côtiers que pour les pays sahéliens dans l'UEMOA. Dans les pays sahéliens, le coefficient des exportations est significatif au seuil de significativité de 0,01 moins élevé que celui des pays côtiers (0,05). Les exportations sont un déterminant majeur de l'attractivité des IDE pour les pays sahéliens à un seuil moins élevé que pour les pays côtiers. Nous pouvons conclure que la zone côtière semble être la zone la plus attractive de la zone UEMOA pour les IDE. Nous signalons que les investissements domestiques ne font pas partir des facteurs d'attractivité des IDE dans tous les résultats obtenus pour tous nos échantillons.

6.2 Pour le Capital humain

Le capital humain recouvre l'ensemble des connaissances, qualifications, compétences et caractéristiques individuelles qui facilitent la création du bien-être personnel, social et économique. Aujourd'hui, la valeur du travail qualifié, complexe et créatif, croît rapidement. En conséquence, le succès économique des pays et des individus repose de plus en plus sur le capital humain - nos compétences, nos apprentissages et nos talents (OCDE, 1998 ; 2018).

Tableau 2 : Comparaison du Capital humain pour les Pays côtiers et Pays sahéliens de l'UEMOA

	UEMOA	**Pays Côtiers**	**Pays Sahéliens**
Variables	**Fixed Effect Model**	**Fixed Effect Model**	**Fixed Effect Model**
IDE	**0,005****	**0,006*****	**0,009****
	(0,002)	**(0,002)**	**(0,004)**
dlPIBH	**0,017*****	**0,030*****	**0,007***
	(0,004)	**(0,006)**	**(0,004)**
d'ABTEL	**-0,002**	**-0,003**	**-0,001**
	(0,001)	**(0,003)**	**(0,001)**
cons	**0,213*****	**0,272*****	**0,087*****

(0,011) (0,015) (0,008)

Source : Auteur à partir de la base de données BM/BCEAO/PWT/CNUCED ;

Note : ***, ** et * : significatifs respectivement au seuil de 0,01, 0,05 et 0,10.

En termes de comparaison des effets des IDE pour les deux groupes sur le capital humain, des différences statistiques significatives sont présentes. Nous constatons un effet important des IDE entrants sur le capital humain avec un coefficient significatif au seuil de (0,01) pour les pays côtiers contre un coefficient significatif au seuil de 0,05 pour les pays sahéliens. Les pays côtiers semblent donc plus profiter de retombées positives des IDE sur le capital humain que les pays sahéliens.

6.3 Pour les Investissements domestiques.

La littérature indique qu'il peut y avoir soit un effet de stimulation des firmes locales, soit un effet d'éviction des IDE sur les investissements domestiques. Les résultats des régressions concluent quant à une stimulation majeure des firmes locales des pays de l'UEMOA. Les IDE constituent un outil d'accroissement des capitaux domestiques, qui permettent d'éviter l'endettement extérieur, OCDE

(2002). En effet, la participation des investisseurs étrangers au développement des infrastructures physiques et au développement des marchés financiers peut contribuer à améliorer l'efficacité des investissements domestiques.

Tableau 3 : Comparaison des investissements domestiques pour les Pays côtiers et Pays sahéliens

	UEMOA	Pays Côtiers	Pays Sahéliens
Variables	**Fixed Effect Model**	**Fixed Effect Model**	**Fixed Effect Model**
G	**0,017*** **	**0,030*** **	**0,007***
	(0,004)	**(0,006)**	**(0,004)**
IDE	**0,005** **	**0,006*** **	**0,009** **
	(0,002)	**(0,002)**	**(0,004)**
INTÉRÊT	**-0,005**	**-0,003**	**-0,001**
	(0,001)	**(0,003)**	**(0,001)**
d'EPARGNE	**0,035*** **	**0,042** **	**0,050*** **
	(0,006)	**(0,019)**	**(0,012)**
cons	**0,005**	**-0,020**	**0,005**
	(0,026)	**(0,041)**	**(0,038)**

Source : Auteur à partir de la base de données BM/BCEAO/PWT/CNUCED ;

Note : ***, ** et * : significatifs respectivement au seuil de 0,01, 0,05 et 0,10.

La comparaison des effets des IDE pour les deux groupes, montre un effet important des IDE entrants sur les investissements domestiques avec un coefficient significatif au seuil de (0,01) pour les pays côtiers contre un coefficient significatif au seuil de 0,05 pour les pays sahéliens. Il y a des différences statistiques significatives. Les pays côtiers semblent donc plus avantagés en termes d'effets d'IDE sur les investissements domestiques que les pays sahéliens.

Nous obtenons les mêmes conclusions pour nos trois échantillons. Les IDE entrants, la croissance économique et l'épargne ont des effets positifs et significatifs sur les investissements domestiques.

6.4 Pour les exportations

Les liens entre les échanges et les investissements directs étrangers qui sont l'une des principales caractéristiques de la globalisation, sont complexes et ne peuvent pas être déduits à partir d'une analyse purement théorique (Foutagné, 1999). Quels sont les effets des IDE entrants sur exportations des économies des pays de l'UEMOA pris dans leur ensemble, des pays côtiers et des pays du sahel de l'UEMOA ?

Tableau 4 : Comparaison des exportations pour les Pays côtiers et Pays sahéliens

	UEMOA	**Pays Côtiers**	**Pays Sahéliens**
Variables	**Fixed Effect Model**	**Fixed Effect Model**	**Fixed Effect Model**
IDE	**0,005****	**0,006*****	**0,009****
	(0,002)	**(0,002)**	**(0,004)**
lTCHANG	**0,017*****	**0,030*****	**0,007***
	(0,004)	**(0,006)**	**(0,004)**
lTAXIMP	**-0,002**	**-0,003**	**-0,001**
	(0,001)	**(0,003)**	**(0,001)**
cons	**-0,079**	**-0,093***	**-0,010**
	(0,107)	**(0,050)**	**(0,032)**

Source : Auteur à partir de la base de données BM/BCEAO/PWT/CNUCED ;

Note : ***, ** et * : significatifs respectivement au seuil de 0,01, 0,05 et 0,10.

L'analyse des résultats des régressions révèle également que les IDE entrants dans les pays côtiers affectent significativement et positivement au seuil de 0,01 les exportations et significativement et positivement au seuil de 0,05 les exportations dans les pays sahéliens. Il existe des différences significatives lorsque l'on compare nos deux sous-groupes. Ce qui implique un effet plus important des IDE entrants sur la structure des exportations dans les pays côtiers comparativement celle des pays sahéliens.

Nous retenons que les IDE entrants dans tout l'espace UEMOA, les pays côtiers et les pays du sahel de l'UEMOA ont un effet positif et significatif sur les exportations et leurs effets sont plus importants dans les pays côtiers que dans les pays sahéliens. Nous obtenons les mêmes résultats pour nos trois échantillons à des seuils différents.

6.5 Pour la croissance économique.

La littérature révèle que les IDE tendent à alimenter la croissance économique dans les pays d'accueil, principalement par le biais des retombées associées au transfert de technologies et de connaissances. Dans le même temps, on observe des interactions entre IDE et la croissance économique via les canaux de transmission (Foutagné et al. 2010 ; Alaya 2004). C'est pourquoi il est important, de mieux comprendre les conséquences de l'IDE sur l'économie de tout l'UEMOA, des pays côtiers et des pays du sahel de l'UEMOA.

Tableau 5 : Comparaison de la Croissance économique pour les Pays côtiers et Pays sahéliens de l'UEMOA

	UEMOA	Pays Côtiers	Pays Sahéliens
Variables	**Fixed Effect Model**	**Fixed Effect Model**	**Fixed Effect Model**
IDE	**0,005****	**0,006*****	**0,009****
	(0,002)	**(0,002)**	**(0,004)**
lKH	**0,017*****	**0,030*****	**0,007***
	(0,004)	**(0,006)**	**(0,004)**
dID	**-0,002**	**-0,003**	**-0,001**
	(0,001)	**(0,003)**	**(0,001)**
D'EXPORT	**0,035*****	**0,042****	**0,050*****
	(0,006)	**(0,019)**	**(0,012)**
cons	**3,465*****	**3,004*****	**3,995*****
	(0,265)	**(0,325)**	**(0,440)**

Source : Auteur à partir de la base de données BM/BCEAO/PWT/CNUCED ;

Note : ***, ** et * : significatifs respectivement au seuil de 0,01, 0,05 et 0,10.

Des différences statistiques significatives sont présentes quand on compare nos deux sous-groupes. Nous constatons un effet direct significatif positif plus grand des IDE sur la croissance économique pour les pays côtiers (0,01) que pour les pays sahéliens (0,05) de l'UEMOA. Également, nos résultats révèlent que les IDE par le biais du capital humain dans les pays côtiers affectent dans une mesure plus grande, la croissance économique (0,01) et dans une moindre mesure la croissance économique dans les pays sahéliens enclavés (0,10). Par l'intermédiaire des exportations, les effets des IDE sur la croissance économique sont moindres dans les pays côtiers (0,05) que dans les pays sahéliens. Nous pouvons donc dire que l'effet direct significatif et positif des IDE exercé sur la croissance économique dans les pays côtiers est plus grand que celui des pays sahéliens. Les IDE agissent également sur la croissance économique par l'intermédiaire du capital humain avec un effet plus grand dans les pays de côtiers que dans les pays du sahel de l'UEMOA. Cependant, leurs effets par l'intermédiaire des exportations dans ces pays côtiers sont amoindris sur la croissance économique comparativement à ceux des pays sahéliens. Donc les effets des IDE importants dans les pays côtiers semblent affecter dans une proportion plus grande la croissance économique et l'économie de toute l'UEMOA certainement à cause de leurs positions par rapport à la mer.

Les régressions nous donnent les mêmes résultats en termes d'effets directs et indirects pour nos trois échantillons à des seuils de significativité différents. Nous retenons que les IDE entrants dans tout l'UEMOA ont un effet direct positif et significatif sur la croissance économique et agissent sur elle de façon indirecte par le biais des canaux de transmission que sont le capital humain et les exportations. Leurs effets en moyenne semblent être plus importants dans les pays côtiers que dans les pays sahéliens de l'UEMOA.

6.6 Les résultats post-estimations par les SEM

Une post-estimation nous permet de vérifier que notre modèle est stable, de voir la qualité de nos statistiques et la robustesse de nos résultats et de savoir si oui ou non nous pouvons lever les contraintes sur le modèle.

Pour tous les pays de l'UEMOA :

- ***L'analyse de stabilité***

L'analyse de stabilité de notre système d'équations simultanées par la condition de stabilité de Eigen value, nous donne un index de stabilité = 0,0166852 avec toutes les eigenvalues se trouvant à l'intérieur du cercle de l'unité. Notre SEM satisfait la condition de stabilité. Notre SEM est donc stable ;

- ***La bonne qualité ou la robustesse de nos statistiques***

La robustesse d'un estimateur est sa capacité à ne pas être modifié par une petite modification dans les données ou dans les paramètres du modèle choisi pour l'estimation. À proprement parler, une statistique robuste résiste aux erreurs dans les résultats, produites par des écarts par rapport aux hypothèses (Huber et al, 1981 ; Ricardo et al., 2006). Cela signifie que si les hypothèses ne sont qu'approximativement respectées, l'estimateur robuste aura toujours une efficacité raisonnable, un biais raisonnablement faible et en plus d'être asymptotiquement non biaisé, ce qui signifie un biais tendant vers 0 lorsque la taille de l'échantillon tend vers l'infini. Le modèle saturé est le modèle qui convient parfaitement aux covariances.

Pour tous les pays côtiers de l'UEMOA :

- ***L'analyse de stabilité***

L'analyse de stabilité de notre système d'équations simultanées par la condition de stabilité de Eigenvalue nous donne un index de stabilité = 0,0213471 avec toutes les eigenvalues se trouvant à l'intérieur du cercle de l'unité. Notre SEM satisfait la condition de stabilité.

- ***La bonne qualité ou la robustesse de nos statistiques***

Le modèle saturé est le modèle qui convient parfaitement aux covariances.

Tableau 74 : Robustesse de nos statistiques – pays côtiers

Fit statistic	Value	Description
Likelihood ratio		
chi2_ms (138)	**1396,112**	**model vs. saturated**
p > chi2	**0,000**	
chi2_bs (150)	**1577,174**	**baseline vs. saturated**
p > chi2	**0,000**	

Source : Auteur à partir de la base de données BM/BCEAO/PWT/CNUCED 1980-2016.

Note : seuils de 0,01, 0,05 et 0,10.

Les statistiques des chi2 sont inférieures au seuil de 0,05. Ce qui montre la bonne qualité de nos statistiques. Nos résultats sont robustes.

- ***Tests de score pour les contraintes linéaires ou test du multiplicateur de Lagrange***

Toutes les statistiques des tests sont inférieures au seuil de 0,05. Nous pouvons donc rejeter les contraintes sur notre modèle. Notre modèle, au regard des résultats post-estimations, est très bon et remplit toutes les conditions d'un modèle très bien estimé (Annexe 14').

Pour tous les pays du sahel de l'UEMOA :

- ***L'analyse de stabilité***

L'analyse de stabilité de notre système d'équations simultanées par la condition de stabilité de Eigenvalue nous donne un index de stabilité = 0,0269802. Toutes les eigenvalues se trouvent à dans le cercle de l'unité. Notre SEM satisfait la condition de stabilité.

- ***La bonne qualité ou la robustesse de nos statistiques***

Le modèle saturé est le modèle qui convient parfaitement aux covariances.

Tableau 75 : Robustesse de nos statistiques – pays du sahel

Fit statistic	Value	Description
Likelihood ratio		
chi2_ms (109)	906,237	model vs. saturated
p > chi2	0,000	
chi2_bs (119)	998,514	baseline vs. saturated
p > chi2	0,000	

Source : Auteur à partir de la base de données BM/BCEAO/PWT/CNUCED 1980-2016.

Note : seuils de 0,01, 0,05 et 0,10.

Les statistiques des chi2 sont inférieures au seuil de 0,05. Ce qui montre la bonne qualité de nos statistiques. Nos résultats sont robustes.

- ***Tests de score pour les contraintes linéaires ou test du multiplicateur de Lagrange***

Toutes les statistiques des tests sont inférieures au seuil de 0,05. Nous pouvons donc rejeter les contraintes sur notre modèle. Notre modèle est parfaitement bien stable, les résultats sont robustes et les contraintes peuvent être levées (Annexe 14'').

En conclusion, au regard des résultats post-estimations, nos modèles sont stables et nos statistiques robustes.

7.0 Conclusion et propositions de politiques économiques

La présente étude a eu pour objectif principal de comparer les facteurs explicatifs des IDE tout en recherchant les canaux de transmission par lesquels ceux-ci agissent sur les économies des pays côtiers et sahéliens de la zone UEMOA. L'atteinte de cet objectif s'est traduite d'abord par une évaluation économétrique et une comparaison des déterminants des flux d'IDE en direction de l'Union et des deux sous-groupes des pays de l'union, de l'effet direct des IDE sur la croissance économique, des canaux de transmission par lesquels les IDE agissent sur la croissance économique des pays côtiers et sahéliens en zone UEMOA et de la position géographique des pays côtiers ou sahéliens comme expliquant les effets des IDE sur l'économie des pays de l'UEMOA, sur la période de 1980-2016. Dans la théorie économique, il semble que l'IDE soit un acteur majeur de la croissance économique et du développement économique. En agissant à travers plusieurs canaux, l'IDE pourrait être d'une grande utilité pour les PVD, en l'occurrence les pays de l'Union Économique et Monétaire Ouest africains. Les résultats issus de nos modèles indiquent que les déterminants des IDE, sont la croissance économique, le capital humain, les exportations, la rente sur les ressources naturelles, la dette extérieure et le degré d'ouverture. Le degré d'ouverture qui n'est pas un déterminant des IDE pour les pays côtiers, mais pour tous les pays de l'UEMOA et les pays sahéliens de l'UEMOA. Les IDE entrants ont un effet positif et significatif direct sur la croissance économique, les investissements domestiques, le capital humain et les exportations pour les pays côtiers et sahéliens ; et les canaux de transmission par lesquels ceux-ci agissent sur la croissance économique pour nos deux sous échantillons sont le capital humain et les exportations. Cette analyse nous a permis de voir que la position des pays côtiers est un avantage pour faire profiter à la zone, les retombées positives des IDE. Sur la base de résultats de notre étude, nous pourrions formuler les implications de politiques économiques suivantes à l'endroit des décideurs et praticiens du développement dans l'espace UEMOA :

- renforcer les efforts de financement du capital humain (secteur de l'éducation et de la santé) et mettre en œuvre des mesures visant la formation d'une main-d'œuvre disposant des qualifications techniques et professionnelles requises pour répondre aux besoins des investisseurs nationaux et internationaux ;

- développer et diversifier les exportations ;

- œuvrer pour suppression de toutes les barrières au commerce et aux mouvements de capitaux pour attirer plus d'IDE ;

- poursuivre les efforts de financements de la croissance économique ;

- augmenter la rente sur les ressources naturelles ;

- les investissements domestiques étant financés par l'épargne domestique, encourager et favoriser l'épargne interne ;

- œuvrer à substituer la dette aux IDE pour ne pas compromettre l'avenir des générations futures.

Résumé

Cet article fait une comparaison des déterminants et des effets des investissements directs étrangers dans les économies des pays côtiers et sahéliens de l'espace UEMOA tout en mettant en évidence les canaux de transmission par lesquels ceux-ci agissent sur leurs différentes croissances économiques. En tenant compte des facteurs d'attractivité et des effets spillovers par des modèles structurels appliqués sur des données de panel, nous avons tenté de cerner les mécanismes à travers lesquels les IDE agissent sur ces économies et de les comparer. Les résultats issus de nos modèles indiquent que, pour les pays côtiers et sahéliens de l'UEMOA, les déterminants en commun des IDE sont la croissance économique, le capital humain, les exportations, la rente sur les ressources naturelles et la dette. Le degré d'ouverture facteur d'attractivité des IDE dans les pays sahéliens ne l'est pas dans les pays côtiers. Les IDE entrants dans ces pays agiraient positivement et significativement sur la croissance économique, le capital humain, les investissements domestiques et les exportations, mais seuls les exportations et le capital humain constitueraient les canaux de transmission par lesquels les IDE agissent sur la croissance économique de ces deux groupes de pays.

Mots clés : UEMOA, investissements directs étrangers, croissance économique, attractivité, effets, déterminants, canaux de transmission.

Références bibliographiques

Ajayi (2006), Foreign Direct Investment in Sub-Saharan Africa : origins, targets, impact and potential, African Economic Research Consortium (AERC), p. 244.

Ajayi (2006), L'IDE et le développement économique en Afrique, Document à présenter lors du Congrès International ADB/AERC sur l'Accélération du Développement de l'Afrique les cinq premières années du 21e siècle, Tunis, Tunisie, du 22 au 24 novembre 2006.

Alaya, Nicet-Chenaf et Rougier (2009) : À quelles conditions les IDE stimulent-ils la croissance ? IDE, croissance et catalyseurs dans les pays méditerranéens, Mondes en développement Vol.37-2009/4-n °148, pp 119-138.

Anyanwu. (1998b), An Econometric Investigation of the Determinants of Foreign Investment in Nigeria, Rekindling Investment for Economic Development in Nigeria »', Ibadan.

Arnatli (2011), Economic policies and FDI inflows to emerging market economies, IMF Working Paper, 11/192 (Washington : International Monetary Fund).

Asiedu (2013), Foreign Direct Investment, Natural Resources and Institutions, working paper, International Growth Center.

Asiedu et Lien 2010), Democracy, foreign direct investissement and natural resources, Journal of International Economics.

Asiedu (2002), On the determinants of foreign direct investment to developing countries : Is Africa different ? World development, Vol. 30, Issue 1, pp. 107 – 119.

Banque de France (2017), Difficile Rebond Africain, La lettre de la zone franc N° 8 • juin.

Banque de France (2015), « Rapport annuel de la zone franc » Eurosysteme.

Banque mondiale (2017), Rapport sur l'urbanisation en Afrique : pour soutenir la croissance il faut améliorer la vie des habitants et des entreprises dans les villes Communiqué de presse, 9 février.

Banque Mondiale (2016), Apports financiers extérieurs, croissance économique et pauvreté en Afrique de l'Ouest : quels liens ? Rapport annuel.

Barro R. J., Sala-i-Martin X. (1995), Economic Growth Theory, MIT Press.

BCEAO (2015), La politique et les agrégats monétaires dans l'UEMOA, Rapport zone franc.

Blomström et Kokko, (2003), Human capital and Inward FDI, Working paper, No.167, Stockholm school of Economics.

Bouoiyour, Jamal, Hicham Hanchane, et El Mouhoub Mouhoud. « Investissements directs étrangers et productivité. Quelles interactions dans le cas des pays du Moyen-Orient et d'Afrique du Nord ? », Revue économique, vol. vol. 60, n° 1, 2009, pp. 109-131.

Bulard (2016), Appétit chinois, incurie française : Brevets, vignobles, enseignes, immobilier..., Le Monde diplomatique, octobre 2016.

CNUCED (2018), Rapport sur l'investissement dans le monde, l'investissement et les nouvelles politiques industrielles, Reperes et vue d'ensemble.

CNUCED (2017), World investment report, Investment and the Digital Economy.

CNU CNUCED (2016), Rapport sur l'investissement dans le monde 2016 nationalités des investisseurs : enjeux et politiques, repères et vue d'ensemble. CED (2016), Global Investment Trends Monitor, n° 22, 20 janvier.

Collins (2002), Capital flows, investment and growth in developing countries : Issues and implications for Africa, Paper presented at the African Economic Research Consortium Biannual Research Workshop, Durban, South Africa, December.

Cuadros et al (2004), Openness and growth : re-examining foreign direct investment, trade and output linkages in Latin America, The journal of development studies, Vol. 40, Issue 4, pp. 167 – 192.

Calvo, Leiderman et Reinhart (1993), Capital inflows and real exchange rate appreciation in Latin America : The role of external factors, IMF staff papers, Vol. 40, pp. 108 – 151.

Dabla-Norris, Honda, Lahreche et Verdier (2010), FDI Flows to Low-Income Countries : Global Drivers and Growth Implications, IMF

Working Paper, 10/132 (Washington : International Monetary Fund).

De Gregorio (1992), Economic growth in Latin America, Journal of Development Economics, vol 39, N°1, pp : 59-84.

Dje (2007), Les déterminants des investissements étrangers dans les pays en développement : leçons pour l'UEMOA, Document d'étude et de recherche, BCEAO.

Fontagné et Toubal (2010), Investissement direct étranger et performances des entreprises, Rapport du Conseil d'Analyse Économique, La Documentation Française, Paris.

FMI (2018), Union Économique et Monétaire Ouest-Africaine, Entretiens dans le cadre des consultations de 2018 au titre de l'article IV sur les politiques communes des pays membres — Communique de presse ; Rapports des services du FMI ; et déclaration de l'administrateur pour l'UEMOA, Rapport du FMI n° 2018/106.

Greene (2016), Econometric analysis, Seventh edition.

Kaldor (1964), Essays on Economie Poliey, G. Duckworth, London.

Ikiara (2003), Foreign Direct Investment (FDI). Technology Transfer, and Poverty Alleviation Africa's Hopes and Dilemma, ATPS Special Paper Series No. 16. African Technology Policy Studies, Nairobi.

Koukpo (2005), Analyse des déterminants des investissements directs étrangers dans les pays de l'UEMOA, Institut Africain de Développement Economique et de Planification.

Kottaridi, Constantina & Stengos, Thanasis (2010). "Foreign direct investment, human capital and non-linearities in economic growth," Journal of Macroeconomics, Elsevier, vol. 32(3), pages 858-871, September.

Lancaster (1980), Intra-industry Trade under Perfect Monopolistic Competition, Journal of International Economies, vol. 10, pp. 151-75.

Larrain (2004), What determines foreign direct investment ? An empirical investigation, Econometric society, 2004, n° 347.

Lautier M. et Moreaub F (2012), Domestic Investment and FDI in developing countries : The missing link, Journal of economic development ,1 Volume 37, Number 3, September

Lim (2001), Determinants of, and the Relation Between, Foreign Direct Investment and Growth : A Summary of the Recent Literature, IMF Working Paper N°175.

Mody et Murshid (2002), Growing up with capital flows, IMF Working Paper WP/02/75, International Monetary Fund, Washington, D.C.

Morisset (2000), Foreign direct investment in Africa : Policies matter, Transnational Corporations, Vol. 9, Issue 2, pp. 107 – 125.

Neumayer et Spess (2005), Do bilateral investment treaties increase foreign direct investment to developing countries ? World Development, Vol. 33, Issue 10, pp. 1567 – 1585.

Ndikumana, L., and S. Verick (2008), "The Linkages between FDI and Domestic Investment : Unravelling the Developmental Impact of Foreign Investment in Sub- Saharan Africa," Development Policy Review, 26(6).

Obwona M.B. (1996), « Determinants of FDI and their impact on economic growth in Uganda », Economic policy research centre.

OCDE (2014), Rapport sur le cadre de l'OCDE pour une croissance inclusive, réunion du conseil de l'OCDE au niveau des ministres de Paris, 6-7 MAI.

OCDE (2002), L'investissement direct au service du développement : Optimiser les avantages, Minimiser les coûts, Paris.

Romer (1993), Idea gaps and Object Gaps in Economic Development, Journal of Monetary Economics, vol. 32, n°3, décembre 1993, pp. 543-573.

Tassey (2004), Policy Issue for R&D investment in a Knowledge-based economy, The journal of technology transfer, Springer, Vol. 30, Issue 2-3, pp. 211– 225.

Tidiane (2009), The determinants of private capital inflows in WAEMU : A panel data approach, Munich Personal RePEc Archive, Paper No. 19159.

Vogiatzoglou K. et Thi N. P. N. (2016), Economic openness and economic growth: A cointegration analysis for ASEAN-5 countries. The European Journal of Applied Economics. 13, 10–20.10.5937/ejae13-11311.

La filière textile camerounaise face à la concurrence nigériane (1985-2008)

Kouosseu Jules
Maître de conférences d'histoire
Université de Dschang-Camerou

Awounang Sonkeng Francine Ulrich
Doctorante
Université de Dschang- Cameroun

Introduction

Entretenues depuis des siècles par les populations riveraines, les relations économiques entre le Cameroun et le Nigéria ont évolué avec les indépendances. Qu'elles soient formelles ou informelles, elles ont toujours été influencées par les données économiques liées aux besoins des deux pays, à l'évolution de leurs monnaies respectives, ou à l'audace des trafiquants encouragés par la fiscalité d'entrée sur le territoire camerounais. Plusieurs auteurs ont abordé les échanges transfrontaliers entre le Cameroun et le Nigeria en mettant l'accent sur les produits alimentaires (Oyep&Harre, 1992,p. 67), les échanges formels et informels entretenus par les populations riveraines, ou même l'impact des politiques macro-économiques différentielles entre le Cameroun et le Nigeria (Herrera,2001). Tous ces auteurs s'accordent pour dire que ces échanges, bien que très importants, demeurent désordonnés, voir informels et au final, ne profitent pas aux États. Au Cameroun, la filière textile, du fait de son importance en terme d'emploi et de son impact sur l'économie nationale, demeure fortement concurrencée par les produits d'origine nigériane (Awounang, 2016, p. 116).

La présente réflexion s'attèle à éclairer l'impact de la concurrence nigériane sur l'industrie textile camerounaise. Elle s'appuie sur des sources variées notamment les documents d'archives et plus singulièrement celles de la CICAM (Cotonnière Industrielle du Cameroun), les ouvrages généraux et articles, des Thèses et Mémoires, ainsi que certains Rapports du ministère du Commerce. Par une analyse diachronique des données qualitatives et quantitatives, nous dressons le bilan de la filière textile au Cameroun et cernons le poids de la concurrence nigériane qu'elle subit.

1. Diagnostique de la filière textile au Cameroun

L'industrialisation du coton au Cameroun remonte aux années 1949 avec la Compagnie Française de Développement de Fibres Textiles (CFDT). Cependant, la production était exclusivement destinée à l'exportation (Awounang, 2016, p. 12). Au lendemain de l'indépendance du Cameroun, la question d'une transformation locale vint à l'ordre du jour dans le cadre de la politique nationale d'industrialisation. Tout concourait en effet à faire de l'industrie textile une priorité : la production de la matière première, l'existence d'un marché national, le coût représenté par les importations de textile[13], ainsi que sa simplicité technologique et la nécessité d'une main-d'œuvre nombreuse.

A. Organisation de la filière textile au Cameroun

La filière textile regroupe en général l'ensemble des activités qui concourent à la production et à la transformation des produits dérivés et des sous-produits textiles. Au Cameroun, c'est l'une des branches industrielles la plus intégrée. Ses activités vont de la production à la transformation du coton avec la filature,

[13] Ces dernières étaient, avec les matériaux de transports routiers les premiers au rang des achats nationaux. S. Bertrand, « chaine des transports et compétitivité de l'économie camerounaise », Agence Française de Développement, février 1999, P. 46.

le tissage, la teinture et la confection. Au plan économique, elle occupait en 2006, le 3e rang parmi les industries manufacturières avec une contribution de 9,5 % au PIB[14].

Le segment central qui couvre les activités de filature, de tissage et d'anoblissement est animé depuis les indépendances par une multitude de PME au milieu desquelles trône la Cotonnière Industrielle du Cameroun(CICAM), une entreprise publique créée en 1965 avec pour objectif d'asseoir une économie plus ou moins moderne dans ce domaine et de limiter de ce fait la dépendance des produits importés (James, Rourh&Picho, p. 151).[15]D'autres structures privées à l'instar de SOTEXCAM, SICABO, et NOUFIL[16]exercent dans cette branche. Mais leur production est restée très faible, se situant à 1.500 tonnes de tissus par an chacune au regard du potentiel disponible en matières premières et de la demande en produits transformés.

---

[14]CCIMA, textile & industrie d'habillement, Centre d'information et de documentation économique, Yaoundé Cameroun, juillet 2006, p. 1.

[15]En 1979, les importations de fils et de tissus de coton totalisaient déjà 4,315 tonnes (CFA 5,410 millions).

[16]SOTEXCAM (Société Textile du Cameroun), SICABO(Société Camerounaise de Bonneterie), NOUFIL(Nouvelle Filature africaine).

B. Évolution de la filière textile camerounaise : 1960-1985

L'industrie textile camerounaise a évolué depuis les années 1960 dans un environnement porteur où la progression s'appuyait sur le développement des économies des pays africains et du Cameroun en particulier, impulsé par un taux élevé du dollar américain et un prix soutenu du baril de pétrole estimé à 36 dollars[17]. La production de tissus augmentait alors régulièrement. La plus grande partie alimentait le marché national, environ 90 % jusqu'en 1970, un peu moins par la suite. Le reste était exporté au Tchad et dans certains pays de l'UDEAC (Awounang, 2016, p. 62).

Au milieu des années soixante-dix, les perspectives étaient suffisamment prometteuses pour que l'on envisageât la création d'un nouveau complexe textile par l'État, d'une capacité de 13 millions de mètres de tissu produits ; ce qui aurait permis d'approvisionner le marché national aux trois quarts[18]. Ce projet fut abandonné à cause de la concurrence largement frauduleuse non seulement des voisins anglophones du Ghana et dans une certaine mesure du Nigeria, mais aussi des pays de l'Extrême-Orient comme le Pakistan.

[17] AGC, Monographie de la CICAM, 2005, p. 2.
[18] ANY (non classé), note sur le projet d'installation d'un deuxième complexe industriel textile à Maroua, 1982, p. 16.

Ainsi, l'activité textile au Cameroun est restée prometteuse jusque dans les années 1980. Cependant, conçue et développée dans un contexte de protectionnisme des marchés, la filière textile camerounaise fut mise à mal dans un contexte économique caractérisé par la dévaluation du Naira intervenue en novembre 1985, la baisse continue du dollar ainsi que l'effondrement du prix du pétrole en 1986. Dès lors, le Nigéria est devenu le premier concurrent des produits textiles sur le marché camerounais.

2. Les déterminants du marché du textile entre le Cameroun et le Nigeria

Les problèmes survenus dans l'environnement textile au Cameroun ont pris de l'ampleur vers le milieu des années 1980 lorsque les rapports commerciaux se sont intensifiés entre le Nigéria et ses voisins, dont le Cameroun. La dégradation des économies nationales et internationales, le poids démographique et industriel du Nigéria, l'inversion du flux commercial entre le Nigéria et le Cameroun en faveur de la dépréciation constante du Naïra, et la libéralisation des marchés expliquent cette situation.

A. Le Nigéria : un adversaire économiquement redoutable pour le Cameroun

Au début des années 1980, le Cameroun exportait une partie de ses produits textiles vers le vaste marché nigérian. En 1982, elles étaient estimées à 4.304 tonnes pour une valeur de 2.003 millions de FCFA (Monga, 1986, p. 192). Aujourd'hui, il est indéniable que le Nigeria dispose d'un tissu industriel plus développé et plus diversifié que celui du Cameroun. C'est un élément pouvant expliquer l'avantage relatif des produits nigérians sur le marché camerounais ; avantage qui tient également à son poids industriel, à sa masse démographique et à son poids économique.

En effet, le Nigéria dispose d'un tissu industriel textile largement supérieur à celui du Cameroun avec près de 66 petites unités textiles qui ne supportent presque pas de charges en termes de coût de production, et les charges fiscales sont sensiblement nulles[19]. En 1990, au Nigéria le KW/H d'électricité était à 4 FCFA, au Cameroun, il était à 60 FCFA. Les pagnes nigérians sont fabriqués à Yola, à Maiduguri, à Mubi, éventuellement à Kano et à Lagos. La localisation de ces unités industrielles n'est pas en reste. Le marché du Nord Cameroun est plus proche ou plus accessible pour

[19] Comparativement au Cameroun qui ne dispose que d'une entreprise d'égrenage et de filature, de deux ou trois usines de tissage, d'anoblissement et une ou plusieurs unités de confection.

les industries du Nord Nigeria que pour celles, les plus nombreuses, situées dans le Sud du pays. Les coûts de transport sont aussi moins élevés au Nigeria.

Une enquête sur l'industrie camerounaise de 1992[20], montre que plus d'un tiers du chiffre d'affaires des entreprises industrielles est concurrencé directement par les importations en provenance du Nigeria. Pour Javier Herrera,

> bien qu'il soit malaisé de distinguer, dans la baisse globale du chiffre d'affaires, la part due à la baisse de la demande intérieure et la part due à l'impact négatif de la concurrence nigériane... les entreprises concurrencées par la Nigeria ont vu leur production diminuer de 3296 entre 1954 et 1991 alors que les entreprises faisant face à d'autres concurrents ont souffert d'une baisse d'environ 10 %.[21]

Sur le plan purement économique également, le Nigéria possède plusieurs avantages sur la production. En effet, les principaux facteurs pouvant rendre compte de la faible compétitivité de la production textile camerounaise comparativement à celle du Nigéria relèvent notamment de la rigidité de l'appareil de production, du coup élevé des intrants et de la

---

[20] Enquête DIAL-DSCN sur l'industrie camerounaise de 1992.

[21]OCISCA, « Les échanges transfrontaliers entre le Cameroun et le Nigéria », Rapport final, février 1995, p. 149.

localisation des unités. La rigidité du système productif peut s'évaluer sur les niveaux de salaire supérieurs à ceux en vigueur au Nigeria[22]. La forte prégnance de l'État sur le système productif se manifeste entre autres par des autorisations préalables à la mise en place de toute activité productive et par la lourdeur du système d'homologation des prix d'avant la libéralisation de 1989. Les intrants sont également très couteux[23]. La CICAM par exemple a dépensé en moyenne 5 535 millions de FCFA entre 1998 et 2002 pour l'achat d'intrants locaux (Awounang, 2016, p. 118).

Pour ce qui est de la démographie, avec plus de 180 millions d'habitants en 2015, le Nigeria reste le pays le plus peuplé d'Afrique. C'est également une population qui peut se déplacer le long de la frontière. En 1985 déjà, la population nigériane était de 83.61 millions contre 10.5 millions pour le Cameroun. En 2002, elle était de 135 millions d'habitants et le Cameroun se situait à environ 16.08 millions d'habitants.

B. Les éléments de « l'invasion » nigériane

L'origine des flux transfrontaliers « modernes » entre le Nigéria et le Cameroun remonte à la période du

[22]La côte de la main-d'œuvre serait globalement dans un rapport de 1 à 9 au détriment du Cameroun.
[23] En 1989, l'électricité était deux fois moins chère au Cameroun qu'au Nigeria et le gazole douze fois plus cher.

« syndrome hollandais » (1975-1985),[24] puis à la mise en œuvre du Programme d'Ajustement Structurel (PAS) au Nigeria en 1986[25]. À partir de cette époque, plusieurs facteurs se sont révélés encourageants à l'entrée des produits textiles nigérians au Cameroun.

L'une des forces de la concurrence nigériane est liée à la monnaie. On peut relever que le Cameroun et le Nigeria ont toujours appartenu à deux zones monétaires différentes[26]. Cette disparité des politiques monétaires peut être considérée comme l'un des principaux

---

[24] Le syndrome hollandais (*dutchdisease*) décrit un ensemble de mécanismes par lesquels une forte dotation en ressources naturelles peut influencer négativement la croissance à long terme d'une économie. Le terme a été introduit par *The Economist* pour expliquer la stagnation de l'activité aux Pays-Bas durant les années soixante-dix comme le résultat de la découverte d'un large gisement de gaz naturel. L'exploitation de ressources naturelles génère habituellement de larges profits qui vont conduire au développement de l'activité minière au détriment des autres secteurs de l'économie. Le syndrome hollandais pose notamment la question de la stabilisation des taux de change et de la stérilisation des entrées de capitaux, en particulier lors des périodes de prix élevés des matières premières. Mais il reste important de relativiser pour le cas du Cameroun, Au Cameroun, les effets de la hausse des prix de pétrole sur les échanges extérieurs sont limités et le pays ne semble pas avoir subi un *DutchDisease*. L'absence de propagation des effets du mal hollandais au Cameroun tient à de multiples facteurs liés aussi bien à la gestion étatique de la rente pétrolière qu'aux mouvements des prix relatifs.

[25]OCISCA, « Les échanges transfrontaliers… », p. 79.

[26] Déjà pendant la période coloniale jusqu'en 1967, le Nigéria appartenait à la zone Sterling alors que le Cameroun a toujours appartenu à la zone franc.

déterminants des échanges entre les deux pays (Herrera, 2001, p. 30). Il existait déjà pendant la période coloniale un différentiel entre les produits en vente dans les deux colonies. Ce différentiel a toujours impulsé des courants d'échanges, car, selon Jean Angola O. et Dominique H., « la décote du Naira par rapport au franc CFA sur le marché parallèle de change et l'attrait exercé par le franc CFA sur les opérateurs nigérians engendrent des flux d'échanges de nature particulièrement spéculative »[27]. S'agissant de l'attrait exercé par le franc CFA, on peut parler d'une logique de « pompe à francs CFA » (Herrera, 2001, p. 30) selon les termes de J. Herrera. La conséquence fut qu'en novembre 1985, la première dévaluation du Naira signe le début d'une longue série qui porta son taux de change de 1000 FCFA en 1985 à 70 FCFA en décembre 2008[28], avec pour conséquence une inversion des flux commerciaux et l'invasion du Cameroun par des produits textiles nigérians à des prix très compétitifs[29].

---

27 J. EngolaOyep, D. Harre (1992), « Le Cameroun sous l'emprise commerciale du Nigeria ? Le cas des produits alimentaires », OCDE, p. 15.

28 AMAO (avril 2009), « Rapport sur l'évolution des taux de change des monnaies de la CEDEAO à fin 2008 », Freetown, p. 42.

29 Monographie de la CICAM, 2006, p. 3.

Généralement, les prix observés sur le marché démontrent la non-application des valeurs de référence[30] et la disparité des taux de douanes d'une frontière à l'autre[31]. Ainsi, cet écart dans la parité monétaire a également entraîné un écart au niveau des prix de revient des produits textiles pagnes, l'argument principal résiderait dans l'importance du différentiel de prix entre le Nigeria et ses pays limitrophes dont en particulier le Cameroun[32], comme le montre le tableau ci-dessous :

[30]Voir, Arrêté n° 03685 MINFI/CAB/du 6 novembre 2000 portant institution des Valeurs de Référence pour la taxation de certains produits textiles importés au Cameroun.

[31] Le Cameroun possède plusieurs frontières qui sont des voies potentielles d'entrée frauduleuse, on parle de 412 km de côtes, 1690 km avec le Nigéria, 1094 km avec le Tchad, 296 km avec le Gabon, 523 km avec le Congo, 800 km avec la République centrafricaine, et 189 km avec la Guinée Équatoriale.

[32] Le Nigeria dévalue le Naira pour favoriser ses exportations et se procurer les devises dont il a tant besoin, ce qui va contre les intérêts du Cameroun qui doit à tout prix maintenir l'équilibre de sa balance commerciale.

Tableau 1 : Esquisse des prix affichés sur les marchés en 2001 (exprimé en FCFA)

Origines / Articles	Prix détail sur les marchés (pièces de 6 yards)			
	CICAM Nigeria Pays asiatiques			
Premières	4400	2700	2300/2500	3000/3500
Classiques	5000	3000/3200	2800/3000	3500/4000
Super	6600	4000	3500	4000/4200

Wax	19500 (anglais)*	4500	3500/4000	5000/5500

*La CICAM commercialise essentiellement le Wax anglais

Source : Réalisé par nous, par compilation des données des archives du GroupeCICAM

Il se dégage de ce tableau, qu'il existe une grande disparité des prix entre les articles pagnes sur le marché camerounais. Le prix du pagne CICAM est plus élevé que celui du pagne en provenance du Nigéria. Par exemple, la différence de prix ente un pagne super vendu par la CICAM et un autre en provenance du Nigéria est de 2600 FCFA et celle du pagne classique de 1800 FCFA.

L'arrivée massive des produits nigérians à moindre coût a également créé une certaine habitude de consommation surtout chez les populations des zones frontalières avec le Nigéria, et de tout le pays. Pour donc satisfaire une demande sans cesse croissante, les produits textiles d'origines nigériane ou asiatique transitant par le Nigéria arrivent massivement sur le marché camerounais. Des copies conformes des WAX hollandais et anglais, et même de la JIF (Journée Internationale de la Femme), avec des étiquettes, des marquages en lisière, se retrouvent un peu partout sur le marché national, sans aucun respect de la réglementation en matière de propriété industrielle (Hamadjam, 2004, p. 55).

Un autre élément non moins pertinent est qu'une part importante des transactions commerciales entre le Cameroun et le Nigeria se réalise sur les marchés parallèles et ne peut que fragiliser les unités de production camerounaises. Pour K. Fodouop, « les conditions géographiques font du Cameroun un pays propice aux échanges illicites avec son voisin de l'Ouest, même si la nature seule ne suffit pas à susciter la contrebande ».[33] En effet, la première difficulté est liée à la longueur et à la perméabilité des frontières avec le Nigeria qui font du marché de la zone et du

[33] K. Fodouop (1988), « La contrebande entre le Cameroun et le Nigéria », Cahiers d'Outre-Mer, in *Revue de géographie de Bordeaux*, vol. 41, n° 161, pp. 5-25, janvier-mars, p. 7.

Cameroun en particulier, un espace économique totalement ouvert à l'industrie textile nigériane surpuissante. Entre le Cameroun et le Nigéria, on dénombre 17 pôles de pénétration de contrebande et de fraude douanière sur une frontière de 1690 km (Hamadjam, 2004, p. 55).

La plupart des commerçants ne s'acquittent ainsi d'aucun frais de douane sur les axes de contrebande suivants :

- Kano, Mainduguri ⟶ Mora ⟶ Maroua ⟶ Figuil ⟶ Boulaibi

- Mubi, Yola ⟶ Dourbeye ⟶ Guider ⟶ Figuil

- Yola, Onisha, Lagos ⟶ Touroua ⟶ Ngong ⟶ Adoumri

- Boulaibi ⟶ Pitoa ⟶ Adoumri ⟶ Lagdo ⟶ Rey-Bouba ⟶ Mbaiboum

Ces routes de la contrebande partent du Nigéria et se terminent le plus souvent dans la région nord du Cameroun. Toutefois, les produits de contrebande sont disséminés sur presque toute l'étendue du territoire camerounais. Cependant, parler de la contrebande des produits venant du Nigéria, c'est aussi évoquer avec « un certain fatalisme, le peu de moyens de contrôle dont disposent les autorités (17 postes de douanes) et donc l'impuissance à surveiller une frontière de 1690 km d'extension »[34]. On pense alors, notamment sur la côte du Golfe de Guinée, aux innombrables criques qui constituent autant de points de débarquement clandestins de marchandises. Quant à l'extrême nord, cette perméabilité est illustrée par des centaines de kilomètres carrossables permettant, à une population qui ne se distingue que difficilement de celle du Nigéria voisin, de traverser la frontière à n'importe quel point[35].

C. Les circuits d'infiltration et de commercialisation

Comme nous l'avons précédemment relevé, les pagnes nigérians sont fabriqués à Yola, à Maïduguri, à Mubi et éventuellement à Kano et à Lagos. Conséquence, le prix de revient du tissu de fabrication, transport inclus jusqu'à l'intérieur du Cameroun oscille autour de 2000 FCFA et 3000 FCFA la pièce de 6 yards. Les produits d'origine nigériane entrent par la frontière située à 100 km de Maroua entre Banki et Kolofata (Oyep, Harre, 2008, p. 57). Aussi, avec le bouclage en 2003 des voies qui mènent à Mbaïboum via Pitoa, les contrebandiers ont déporté leur itinéraire vers Touroua. Le système de vente pratiqué est celui du crédit dépôt

[34] K. Fodouop (1988), « La contrebande entre … », p. 8.
[35] INS (2014), « Enquête sur les échanges transfrontaliers de marchandises au Cameroun : Bilan méthodologique et résultats », p. 6.

où les marchandises sont livrées à crédit. Les stratégies commerciales de discount couramment utilisées par les Nigérians consistent à offrir le même produit en coloris, mais pas en qualité à un prix plus bas. La stratégie de prolifération des produits consiste à attaquer les produits locaux en multipliant les versions offertes et à les rendre disponibles sur tous les marchés. La stratégie d'innovation dans le mode de distribution, couramment utilisée par les Nigérians consiste à accorder à leurs clients des conditions de règlement très souples ; allant du dépôt-vente à la vente crédit (Awounang, 2016, p. 112). Ainsi, en dehors des produits légalement importés, la demande camerounaise de produits textiles est fortement satisfaite par les importations frauduleuses. On estime à 80%les produits textiles vendus sur le marché camerounais d'origine frauduleuse[36].

Un autre aspect à prendre en compte pour expliquer les difficultés de la filière textile camerounaise est lié à l'attitude des consommateurs camerounais qui accordent leur préférence aux produits textiles de deuxième main importés et moins onéreux au détriment de la production nationale. Tout ceci impacte négativement l'évolution de la filière textile au Cameroun.

[36] CICAM, rapport d'audit, phase n° 1, août 2002, page. 115.

3. La filière textile camerounaise en difficulté

Lorsque l'on évoque la compétitivité internationale des économies africaines, on focalise l'attention sur les performances des exportations de matières premières, négligeant le fait que ces pays subissent aussi une perte de leurs marchés intérieure liée à une certaine « concurrence Sud - Sud ». L'impact de la concurrence des importations et réexportations légales ou non des produits textiles en provenance du Nigeria est donc visible à plusieurs niveaux.

A. La perte des parts du marché national et l'invasion des produits nigérians.

Il est important de noter de prime à bord que le marché camerounais s'ouvre véritablement à l'entrée massive des importations informelles en provenance du Nigeria vers 1986. Cependant, ce n'est qu'à partir de 1988, lorsqu'il stagne puis commence à se rétrécir que les effets des importations parallèles sont ressentis par les entreprises industrielles camerounaises[37].

Pour ce qui est des produits pagne, le marché camerounais est complètement gagné dans les années 2000 par le pagne nigérian à des prix imbattables. Le taux de présence sur les marchés de ces produits était 4

[37]OCISCA, « Les échanges transfrontaliers… », p. 19.

fois supérieures à ceux des produits de la CICAM (Gherzi&Sadeg, 2002, p. 48) principale productrice des produits finis textiles, comme le montre le tableau ci-dessous,

Tableau 2 : Taux de présence pagnes sur le marché en 2001

Zones / Origines	Littoral/Sud-Ouest %	Centre/ Sud et Est %	Grand Nord %	Ouest/Nord-Ouest %	Moyenne générale %
CICAM	15	20	02	03	10
Nigéria	15	10	70	85	45
Autres	70	70	28	12	45
Totaux	100	100	100	100	100

Source : Réalisé par nous par compilation des données des archives du Groupe CICAM

À la lumière de ce tableau, on peut affirmer sans s'y méprendre que le marché camerounais de textile est couvert à 90 % par des produits nigérians et ceux importés d'ailleurs. Les chiffres de ce tableau sont le reflet des étalages et boutiques dans les marchés sans tenir compte des boutiques CICAM. Bien que le rapport qualité-prix soit l'une des forces de la CICAM, ne tenant compte que du prix, la concurrence offre de meilleurs prix pour des tissus de moindre qualité. Aussi, compte tenu du pouvoir d'achat des Camerounais, ceux-ci préfèrent des tissus moins chers quel que soit la qualité.

Les différents produits de la contrebande sont entre autres , *Alzan super prints, Atlantichollandstyledankara, Londonqualityguaranted, Reliance royal wax, Guarenteedvinifineimi wax, Zumunta super prints, Hollywoodemiprints, Zamani, Afprint, Kingdom super wax prints, Dentelle super prints, Guaranteed super prints, Dangote harka prints*, *Veriteblegueranteed real wax, Damascuprint, Amshua, Azamad, Elegancespecialprint.* Ces produits ont pratiquement envahi le marché camerounais, asphyxiant les entreprises textiles locales.

B. L'« asphyxie » des entreprises textiles au Cameroun : le cas de la CICAM

L'impact économique de la concurrence nigériane est suffisamment important pour la CICAM et est de nature à compromettre durablement sa survie. Son impact se décline en la perte des parts de marché, la baisse du chiffre d'affaires et même du personnel.

Entre 2003 et 2006 ; la perte d'emploi direct et indirect à la CICAM était évaluée à près de 300 personnes et celle de la valeur ajoutée, entre 12 et 16 milliards dans la même période. Entrainant la baisse d'un Cash-flow important, gage de la survie, de la maintenance, de l'investissement et de l'innovation dans une entreprise qui se veut prospère[38].

Graphique 1 : Évolution du Chiffre d'Affaires (CA) de la CICAM entre 1985 et 2005 (page suivante)

[38]A. Beltran (2015), « L'histoire d'entreprise, pour la connaissance et l'efficacité », Communication et organisation [En ligne], 7 | 1995, mis en ligne le 26 mars 2012, consulté le 6 août 2015. URL : http://communicationorganisation.revues.org/1762.

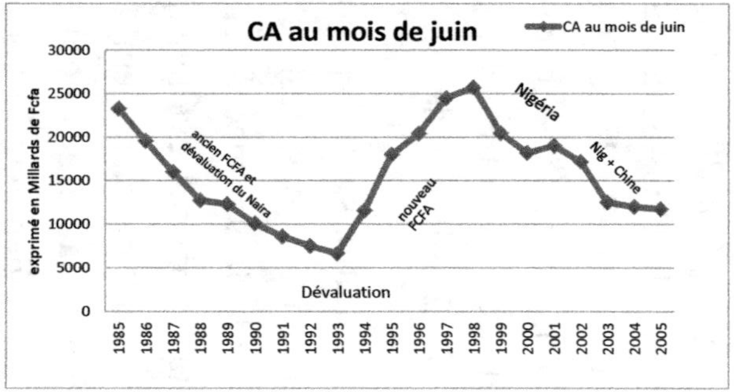
CA au mois de juin
CA au mois de juin
exprimé en Millards de Fcfa
30000
25000
20000
15000
10000
5000
0
1985
1986
1987
1988
1989
1990
1991
1992
1993
1994
1995
1996
1997
1998
1999
2000
2001
2002
2003
2004
2005
ancien FCFA et
dévaluation du Naira
Dévaluation
nouveau
FCFA
Nigéria
Nig + Chine

Source : Compilation des données des rapports d'activités de 1985-1993, ainsi que des rapports de lutte contre la fraude, la contrebande et la contrefaçon, réalisé conjointement par la CICAM, et la Douane entre 1994 et 2005

C'est une évolution en dents de Cie qui démontre l'impact de la concurrence nigériane sur la CICAM. Sur la période allant de 1996 à 2000 et à la suite de la dévaluation du FCFA, la CICAM a réalisé un Chiffre d'Affaires moyen de 21 milliards de FCFA. À partir de 2001, les ventes ont accusé une baisse moyenne de 18 % l'an et le Chiffre d'Affaires réalisé par la Société s'établit désormais à 12 milliards de FCFA.

Aussi, des imitations ou des contrefaçons des wax anglais et hollandais, des best-sellers CICAM à l'instar des pagnes de la Journée Internationale de la Femme et de certains pagnes événementiels, des wax ivoiriens, etc. trompent constamment la vigilance du consommateur par la qualité des copies offertes et le non-respect de la règlementation commerciale du Cameroun[39] qui stipule le marquage en lisière de la

[39] Recueil de texte contre le commerce illicite (GICAM), Arrêté n° 03685 MINFI/CAB/du 6 novembre 2000 portant institution des Valeurs de Référence pour la taxation de certains produits textiles importés au Cameroun, Arrêté n° 0048 MINFI/CAB/du 6

mention « vente au Cameroun », du pays et le nom de l'usine de fabrication[40].

Les étiquettes qui y sont collées ne permettent pas d'identifier aisément le produit[41] et les prix offerts démontrent clairement qu'aucune taxe n'a été perçue à l'entrée. Dans certaines localités, les prix affichés ne dépassent pas la valeur de trois kilogrammes de coton fibre au cours mondial (750f/kg)[42].

C. Les initiatives de limitation du mal et de relance du secteur textile.

Pour redynamiser l'industrie textile camerounaise et la situer à un niveau acceptable dans une économie de plus en plus compétitive, plusieurs actions ont été menées conjointement entre le gouvernement camerounais, la CICAM, et les services de douanes camerounaises. Il s'agit entre autres d'un cadre institutionnel encadré par plusieurs arrêtés.

---

novembre 2000 portant institution des Valeurs de Référence pour la taxation de certains produits textiles importés au Cameroun.

[40]Voir décision ministérielle n° 44 du 21 février 1990, limitant les importations en provenance du Nigeria en instituant le marquage « vente au Cameroun » sur certains produits importés Les produits mentionnés par la note ministérielle (détergents, pagnes, sont importés frauduleusement du Nigeria.

[41]À l'exemple de Made AS Holland, Made AS England, Super Chera Wax, Guaranteed Super SheraXax, A Azeez, Flamingo, Zee Wax, Classic, Hitarget.

[42]Mincom, (2006), « Rapport de mission sur la protection des consommateurs », 28 juin 2006, p. 9

- La Décision N° 190/MINDIC du 02/12/91 portant sur le marquage des tissus Fancy et Wax.

- L'Arrêté conjoint MINDIC/MINFI N° 012 DU 30/10/98.

- L'Arrêté N° 00486/MINEFI/CAB du 06/11/2000, portant institution des valeurs de référence pour la taxation de certains produits textiles importés au Cameroun[43] .

- La Décision N° 03685/MINEFI/CAB du 06/11/2000, portant institution des valeurs de référence pour la taxation de certains produits textiles importés au Cameroun[44].

- Le Décret N° 2005/0528/PM de la 15/02/05 portant création, organisation et fonctionnement d'un comité ad hoc de coordination des opérations de lutte contre la contrebande et la contrefaçon.

La mise en place d'un comité interministériel anti-dumping, le 12 mars 1992, participe de la volonté de lutter contre l'envahissement des produits nigérians à

[43]Voir, Arrêté n° 03685 MINFI/CAB/du 6 novembre 2000 portant institution des Valeurs de Référence pour la taxation de certains produits textiles importés au Cameroun.

[44] Voir Arrêté n° 0048 MINFI/CAB/du 6 novembre 2000 portant institution des Valeurs de Référence pour la taxation de certains produits textiles importés au Cameroun.

moindre coût. En outre, pour essayer de rattraper l'écart, la CICAM a mis sur pied un certain nombre de mesures en réduisant les charges fixes et ses effectifs en particulier les expatriés qui sont passés de 10 en 1998 à 4 en 2006 et en améliorant la qualité des produits et des gammes disponibles. Les premières actions furent d'engager des négociations avec la Société de Développement du Coton (SODECOTON), la Société Nationale d'Électricité (Aes/SONEL), et la Douane. Avec la SODECOTON, il a été décidé du maintien de la formule de cession en cours jusqu'au 30 juin 2004 pour ce qui concerne la cession du coton fibre à la CICAM par la SODECOTON (Levrat, 2008, p. 177). Avec Aes/SONEL, les négociations étaient axées sur le problème de tarification de l'énergie électrique qui handicapait sérieusement la compétitive de l'Entreprise. Les mesures prises devaient aménager en accord avec les responsables d'Aes/SONEL un prix d'énergie électrique soutenable pour la CICAM. Cependant, Aes/SONEL ne semblait pas disposer à accepter un tel dialogue.

La collaboration avec la Douane portait sur la lutte contre la fraude et la contrefaçon. Pour ce faire, des campagnes de proximité sont mises sur pied pour sensibiliser les commerçants et les consommateurs, sur le terrain et dans les médias. La mise sur pied d'une Brigade mixte de contrôle a permis d'intercepter dans certains pôles de pénétration des tonnes de produits pagnes contrefaits[45].En 2005, il fut créé le comité ad hoc de lutte contre la fraude, la contrebande et la contrefaçon présidé par M. Luc MbargaAtangana, alors ministre du Commerce[46].

Cependant, toutes ces initiatives n'ont pas encore véritablement porté leurs fruits et la CICAM demeure dans une situation financière critique et ne survit que grâce à la promotion des produits événementiels tels que le pagne de la Journée Internationale de la Femme (JIF), la Journée de l'Enseignant (JE), la Journée Internationale du Travail (JIT), etc.

Conclusion

Au terme de cette réflexion, l'exploitation des données nous a permis d'affirmer que la concurrence nigériane revient immanquablement lorsque l'on évoque les difficultés du marché textile au Cameroun. Les analyses faites révèlent que la plupart des produits importés du Nigeria concurrencent la production camerounaise. D'un autre côté, on peut considérer que ces importations suppléent une offre locale insuffisante, indisponible ou tout simplement inadaptée au pouvoir

---

[45] Entretien avec M. Nicolas NJOH, 57 ans, Directeur commercial et marketing (Newco, Laking, Ecotex), Le 02/02/16 à Douala.

[46]Correspondance N/Réf : MA/JF/AK/NEM/GDT-343/05/05 du GICAM au président du Comité ad hoc.

d'achat de la population. La marge de manœuvre dont dispose le Cameroun pour réguler les échanges transfrontaliers apparait également étroite. Les échanges transfrontaliers de textiles sont depuis les années 80 préjudiciables aux entreprises camerounaises avec pour l'exemple de la CICAM, la perte des parts de marché, la baisse du chiffre d'affaires et de la production qui est passée de 70 % à 30 % entre 1985 et 1988. Si L'État et les entreprises n'ont rien gagné d'un point de vue financier, socialement, les importations ont permis l'approvisionnement des populations urbaines, voire rurales. Le marché parallèle qu'il implique fait vivre une certaine partie de la population de part et d'autre de la frontière. Le contexte de pauvreté qui caractérise l'économie camerounaise vient intensifier les pratiques frauduleuses sur le marché camerounais. Ainsi, de nombreuses entreprises locales se sentent bouleversées. Face à la dégradation de l'environnement économique, au changement des rapports commerciaux entre le Cameroun et le Nigéria, et avec l'ouverture du marché mondial, les portes sont désormais grandes ouvertes également aux importations des pays du sud-est asiatique. Celles-ci sont les bienvenues, mais uniquement dans la mesure où elles sont effectuées dans un cadre légal.

Résumé

Le Cameroun dispose d'une importante installation industrielle qui opère dans le secteur textile de la filature, de l'anoblissement et de la production de tissus. Mais l'espace économique dans lequel il évolue fait face depuis le milieu des années 1980 à une forte concurrence de la part du Nigeria. Du fait de la dépréciation constante du Naira, de l'importance de sa masse démographique estimée à près de 115 millions en 2000, et de son poids industriel, le Nigéria représente un adversaire économiquement redoutable pour le Cameroun dans le domaine du textile. L'entrée massive et à prix bas de ces produits textiles d'origine ou contrefaits met en difficulté la filière textile camerounaise, moins compétitive. La présente étude situe l'industrie textile camerounaise en rapport avec la puissance économique de son grand voisin le Nigéria, en cernant les difficultés auxquelles elle fait face. Elle analyse à travers des sources diversifiées l'impact du commerce formel et informel avec le Nigéria sur l'industrie textile camerounaise.

Mots-clés : Cameroun, Nigéria, Industrie textile, Concurrence, Incidences

Abstract

Cameroon has a large industrial plant that operates in the textile sector of spinning, ennobling and fabric production. But the economic frame in which it oparates faces strong competition from Nigeria since the middle of 1980s.because of the constant depreciation of the Naira, of the size of its estimated population to nearly 115 million in 2000, and its industrial weight, Nigeria is a strong economic opponent for Cameroon in the textile domain. The massive and low-cost entry of these original or counterfeit textile products puts Cameroon's less competitive textile sector in difficulty. The study situates the Cameroonian textile industry in relation to the economic power of its big neighbor Nigeria, identifying the difficulties it faces. It analyzes through diversified sources the impact of formal and informal trade with Nigeria on the Cameroonian textile industry.

Keywords : *Cameroon, Nigeria, Textile Industry, Competition, Impact*

Références bibliographiques

Sources d'archives

AGC, Arrêté n° 03685 MINFI/CAB/du 6 novembre 2000 portant institution des Valeurs de Référence pour la taxation de certains produits textile importés au Cameroun.

AGC, Arrêté n° 0048 MINFI/CAB/du 6 novembre 2000 portant institution des Valeurs de Référence pour la taxation de certains produits textile importés au Cameroun.

AGC, Arrêté n° 03685 MINFI/CAB/du 6 novembre 2000 portant institution des Valeurs de Référence pour la taxation de certains produits textile importés au Cameroun.

AGC, Correspondance N/Réf : MA/JF/AK/NEM/GDT-343/05/05 du GICAM au président du Comité ad hoc.

AGC, Monographie de la CICAM, 2005.

AGC, Rapport contrebande textile province du Nord, 2001.

AGC, Recueil de texte contre le commerce illicite (GICAM), Arrêté n° 03685 MINFI/CAB/du 6 novembre 2000 portant institution des Valeurs de Référence pour la taxation de certains produits textiles importés au Cameroun.

ANY, VT 3/142, Activités de la CFDT au Cameroun. mai 1956, f. 3.

Ouvrages

Bio Goura S.(2001), *Les perspectives commerciales entre le Nigéria et ses voisins*, Paris, Les éditions de l'OCDE.

Levrat R.(2008), *Le coton en Afrique Occidentale et Centrale avant 1950. Un exemple de la politique coloniale de la France*, Paris, L'Harmattan.

Monga C. (1986),*Cameroun : quel avenir ?* Paris, edSilexe.

Nkutchet M.(2005), *L'état de l'économie camerounaise*, Paris, L'Harmattan.

Articles

Beltran A. (2015), « L'histoire d'entreprise, pour la connaissance et l'efficacité », Communication et organisation [En ligne], 7 | 1995, mis en ligne le 26 mars 2012, consulté le 06 août. URL : http://communicationorganisation.revues.org/1762.

Bertrand S.(1999),« Chaine des transports et compétitivité de l'économie camerounaise », *Agence Française de Développement.*

Bredeloup S. et Lombard J. (2008),« Mort de la fripe en Afrique ou fin d'un cycle ? », *Revue Tiers Monde*, n° 194, pp. 391-412.

Egg J., (1993),« Le réajustement de la politique agricole du Nigéria », IRAM.

Fodouop K. (1988)« La contrebande entre le Cameroun et le Nigéria », in, *Cahiers d'Outre-mer*, vol. 41, n° 161, pp. 5-26, janvier-mars.

Fourneau M.J, « La culture du coton au Cameroun », in *Quinzaine nationale de la production agricole d'Outre-Mer*, Tome VI, pp. 178-181.

Errera J. (2001), « Impact des politiques différentielles et échanges transfrontaliers Cameroun-Nigeria »Yaoundé, Observatoire OCISCA, Rapport de mission, août2001.

James L. RourhA. L., PichoM. (1983), "*Private sector. The tortoise: public policy and private activity in the economic development of Cameroon", A.I.D, Evaluation special study*N°10, mars 1983.

Regenet P. et NJOH N.(2006), « les entreprises face à la Contrefaçon. Cas de la CICAM », présentation à la journée mondiale de la contrefaçon du 14 juin 2006.

Oyep J. E. et HarreD. (1992), « Le Cameroun sous l'emprise commerciale du Nigeria ? Le cas des produits alimentaires », OCSE.

Thèses et mémoires

Awounang F. U. (2016), « La Cotonnière Industrielle du Cameroun, (1965-2008) », Mémoire de Master en Histoire, Université de Dschang.

Hamadjam R. (2004), « Impact de la filière textile coton camerounaise sur le développement socio-économique national : Bilan et perspectives », DESS Analyse et Évaluation des Projets Institut sous régionaux multisectoriels de technologie appliquée de planification et d'évaluation de projets.

Ndjeunde P. (1971), « La création des entreprises industrielles au Cameroun de 1950 à 1970 », Thèse complémentaire de science économique, Université de Paris IX.

Rapports

AMAO, « Rapport sur l'évolution des taux de change des monnaies de la CEDEAO à fin 2008 », Freetown, avril 2009.

CICAM, « Rapport d'audit », phase n°1, août 2002.

INS, « Enquête sur les échanges transfrontaliers de marchandises au Cameroun :Bilan méthodologique et résultats », septembre 2014.

MINCOM, « Rapport de mission sur la protection des consommateurs », 28 juin 2006

OCISCA, « Les échanges transfrontaliers entre le Cameroun et le Nigéria », Rapport final, février 1995.

GHERZI et SADEG, « Rapport d'audit, phase n° 1 : Audit stratégique de la CICAM et définition de la stratégie afin d'assurer un développement pérenne de l'activité », réalisé par GERZI (Zurich, Suisse) et SADEG (Yaoundé, Cameroun) pour le compte de la République du Cameroun, août 2002.

Investissements Directs Etrangers dans l'UEMOA : déterminants, effets sur l'économie et canaux de transmission sur la croissance économique

Viviane KOUDOU
Université Félix Houphouët-Boigny
(Côte d'Ivoire)

1.0 Introduction

Dans leur stratégie de mobilisation des ressources externes et de politiques économiques, une grande partie des pays en développement accorde de plus en plus d'intérêt aux Investissements Directs Etrangers (IDE) pour essayer de résoudre leurs énormes défis de développement. Et le débat entre les universitaires et les décideurs pendant ces deux dernières décennies se porte sur l'attractivité des IDE dans les économies en développement (c.-à-d. l'Agence multilatérale de garantie des investissements de la Banque mondiale et la Déclaration du Millénaire des Nations Unies). L'Afrique constitue l'une des principales zones de croissance de la planète selon la Banque Mondiale et, l'Union Economique et Monétaire Ouest-Africaine, créée en janvier 1994 à Dakar et dont l'objectif essentiel est l'édification en Afrique de l'Ouest, d'un espace économique harmonisé et intégré, au sein duquel est assurée une totale liberté de circulation des personnes, des capitaux, des biens, des services et des facteurs de production, ainsi que la jouissance effective du droit d'exercice et d'établissement pour les professions libérales, de résidence pour les citoyens sur l'ensemble du territoire communautaire, constitue notre espace d'étude. La présente étude vise principalement à faire le point de l'évolution du processus d'intégration, sur une période aussi longue de plus de 30 ans, sur la base des investissements directs étrangers entrants dans ces pays d'où le thème « Investissements directs étrangers, effets sur l'économie des pays de l'UEMOA et canaux de transmission sur la croissance économique dans les pays de l'UEMOA ». Le recours aux capitaux étrangers, notamment aux IDE comme nouvelle source de financement, est principalement dû aux grands déséquilibres caractérisés par l'insuffisance des ressources intérieures, au regard des besoins de financement de leurs balances de paiement depuis la fin des années 1980 dans la plupart des pays en développement, notamment ceux de l'UEMOA. Les pays du continent développent eux aussi des stratégies pour attirer sur leurs territoires des IDE nécessaires à la consolidation de leur croissance. Ils mettent en avant le rôle crucial de l'IDE dans leur processus de développement (Prasad et al., 2003). Cette conception se manifeste non seulement au niveau institutionnel et également au niveau de la politique économique. L'IDE fait figure de moteur de la croissance économique, car il semble fournir les capitaux dont ces pays ont grandement besoin, nécessaires à l'investissement. Il augmente la concurrence dans les industries des pays hôtes tout en améliorant la productivité des entreprises locales, en adoptant des technologies plus efficaces ou en investissant dans des capitaux humains et/ou physiques. L'investissement direct étranger contribue de manière considérable à la croissance, car il est plus stable que les autres formes de flux de capitaux (CNUCED, 2018). L'IDE présente de nombreux avantages. Il sert notamment de source de capital, crée des emplois, permet l'accès aux marchés étrangers et ses retombées sur les entreprises locales sont positives en termes de technologie et d'efficacité. Étant donné qu'il permet l'accès aux marchés étrangers, le transfert de technologies et crée généralement des compétences dans les entreprises des pays hôtes, l'IDE ne peut qu'améliorer l'intégration de ces derniers dans l'économie mondiale tout en favorisant la croissance (Mucchielli (2002), Ajayi (2006)).

Les pays développés se taillent une part importante des entrées d'IDE mondial avec 962 milliards de dollars soit 55 % en 2015 contre 765 milliards de dollars pour les pays en développement (CNUCED, 2016) et 1032 milliards de dollars contre 646 milliards de dollars pour les pays en développement en 2016. L'Afrique n'a reçu que 54 et 59 milliards de dollars d'IDE en 2015 et 2016 (CNUCED, 2017). L'UEMOA a reçu en 2015 et 2016 des flux d'IDE de 2366 et 2038 millions d'USD courant. Contrairement à la CEMAC qui a reçu sur ces mêmes années respectivement 3913 et 3482 millions d'USD courant d'IDE et l'Afrique en développement qui a reçu sur la même période respectivement 61495 et 59373 millions d'USD d'IDE (CNUCED, 2017). Sur la période de 2014 à 2016, l'UEMOA a enregistré des taux de croissance du PIB réel respectivement de 6,5 %, 6,6 % et 6,8 % en moyenne bien supérieurs au taux de croissance moyen de l'Afrique subsaharienne (4,5 %, 3 %, 1,3 %) et à ceux de la CEMAC (4,8 %, 1,7 % et 0,2 %) sur la même période (BCEAO 2017, BEAC 2017, Banque Mondiale 2018). Pourquoi l'UEMOA avec des taux de croissance beaucoup plus élevés reçoit moins d'IDE ? Y-a-t-il vraiment une relation entre IDE et croissance économique ? En d'autres termes, quelles sont les interactions entre les IDE et la croissance économique ? La littérature empirique existante sur les interactions entre IDE et croissance révèle des résultats mitigés. Des auteurs comme Dutt (1997), Lipsey (2000), Belloumi (2014), Carkovic et Levine (2005) ne trouvent aucune relation significative entre la croissance et les IDE. D'autres trouvent que la relation entre les IDE et la croissance peut aller dans les deux sens : l'IDE peut stimuler la croissance ((Kottaridi et al (2010), Barro (1991), Romer (1993), Lucas (1988), Barro et Sala-i-Martin (1995) ou avoir des effets négatifs sur la croissance (Rothgeb (1984), Blomstom et al. (1992), Saltz (1992) et Meschi (2006) ; mais également, la croissance économique pourrait-être un facteur d'attractivité des IDE (Alaya (2004), Li et Liu (2005), Bulard (2016), Asiedu (2013). Elle relève également que les IDE sont supposés stimuler la croissance par des canaux de transmission (Alaya 2004, Esso 2005, Vogiatzoglou et Thi, 2016). Les IDE à destination de l'UEMOA constituent la deuxième source de financement extérieur des pays de l'Union après les envois de fonds des migrants et devant l'aide publique au développement (BCEAO, 2015). Dans un contexte de repli du financement extérieur, le marché régional de la dette publique a été la principale source de financement de la croissance ces cinq dernières années (FMI, 2018). Bien que ce niveau d'endettement soit jugé encore viable par l'analyse des services du FMI, les vulnérabilités se sont accentuées. Attirer le maximum d'IDE dans la zone afin d'y stimuler une croissance soutenable par les IDE devient une préoccupation majeure. Cette étude voudrait lever le voile en répondant à ces trois questions : (i) quels sont les déterminants des IDE ? (ii) Quel est l'effet des IDE sur l'économie ? (iii) Quels sont les canaux par lesquels ceux-ci agissent sur la croissance économique ? La réponse à ces questions ne peut être clairement perçue dans la littérature théorique, car les effets des IDE sur la croissance économique pour les pays africains théoriquement ne sont pas clairs. On comprend alors l'intérêt de notre problématique pour les décideurs politiques des pays en développement qui ont fait de l'IDE l'un des éléments fondamentaux de la stratégie de développement de leurs économies, pauvres pour la grande majorité d'entre elles. Celle-ci prend encore plus d'importance si l'on considère le processus de globalisation, qui devrait conduire à une concurrence acharnée entre pays en voie de développement (PVD) pour la « séduction » des bailleurs de fonds internationaux.

Pour ce faire, un modèle structurel à équations simultanées sur données de panel sera utilisé afin de nous permettre d'analyser les déterminants des investissements directs étrangers ainsi que leurs effets sur l'économie et sur la croissance économique via les canaux de transmission. L'analyse des canaux de transmission s'effectuera par la spécification de quatre équations : une équation permettant de voir l'effet d'éviction ou d'entraînement des IDE sur l'investissement domestique, une autre permettant de déterminer l'effet des IDE sur le capital humain, une troisième nous permettant de voir les effets des IDE sur les exportations. La dernière équation, ayant la croissance du PIB en endogène, permettra de montrer l'effet des variables matérialisant les canaux de transmission des IDE sur la croissance économique. Pour atteindre nos objectifs, nous avons formulé des hypothèses.

Cette recherche se structure comme suit : la section 2 présente les objectifs recherchés et la section 3, la contribution. La section 4 passe en revue la littérature économique sur le débat des déterminants des IDE, leurs effets et les canaux de transmission. La section 5 expose l'approche méthodologique basée sur l'utilisation les données de panel, les tests de stationnarité, la multicolinéarité, l'autocorrélation et l'hétéroscedasticité et de leur correction par la méthode adéquate en fonction du type de panel suite à nos tests de spécification et la méthode d'estimation utilisée qui traite le problème d'endogénéité de nos variables. Une application aux pays membres de l'UEMOA permettra d'aboutir à des résultats qui seront l'objet d'interprétation. Les sections 6 et 7 présentent respectivement les résultats obtenus à la fin de l'étude et quelques propositions en termes de politiques économiques. Les références bibliographiques sont indiquées à la section 8.

2.0 Objectifs de l'étude et hypothèses de recherche

L'objectif général de cette étude est d'analyser les facteurs explicatifs des IDE tout en recherchant leurs effets sur l'économie des pays de l'UEMOA, sera notre objectif général.

De façon spécifique, il s'agira : - d'identifier les déterminants des investissements directs étrangers ; - de déterminer les effets directs des IDE sur l'économie et les canaux de transmission des IDE sur la croissance économique.

Pour atteindre nos objectifs, nous avons formulé des hypothèses.

- Hypothèse générale

Les IDE contribuent à l'amélioration du niveau de développement économique des pays de l'UEMOA.

- Hypothèses secondaires

H1 : la croissance économique (G), les investissements domestiques (ID), le capital humain (KH), les exportations (EXPORT), la dette (DEBT), les ressources naturelles (NRES), le degré d'ouverture (OUV) sont les déterminants des IDE dans l'UEMOA.

H2 : Les IDE ont un effet positif direct sur l'économie des pays de l'UEMOA.

H3 : Les IDE influencent positivement la croissance économique par le canal du capital humain, des investissements domestiques et des exportations.

Pour confirmer ou infirmer ces hypothèses de recherche, notre modèle d'équations structurelles suivra une démarche composée d'un ensemble d'étapes successives que sont : la spécification de nos variables endogènes et exogènes, l'identification de notre modèle et son estimation par la méthode adéquate de notre modèle ((Bollen et Long (2010) ; Schumacker et Lomax (2010) et Greene (2016)).

3.0 Contribution

L'Afrique en général et les pays de l'Afrique de l'Ouest en particulier font face, aujourd'hui, à d'énormes défis de développement et plusieurs d'entre ces pays se retrouvent être dans le groupe de pays les plus pauvres et les plus endettés du monde. L'Union économique et monétaire ouest-africaine (UEMOA) voudrait réussir l'intégration économique dans la sous-région, afin d'assurer de façon durable le développement socioéconomique de l'espace communautaire. L'intérêt pour l'analyse théorique et empirique des investissements directs étrangers est donc d'actualité dans la mesure où les IDE constituent la première source de financement extérieure pour les pays en développement. Les théories de la croissance se fondent sur l'hypothèse que la croissance génère par elle-même le progrès technique. Si tel est le cas, comment attirer plus d'IDE vers nos économies pour accélérer le progrès technique par ricochet le développement socioéconomique ? La plupart des études menées dans le cadre des IDE dans l'UEMOA se sont axées sur les déterminants des IDE ((Dje, 2007), (Koukpo, 2005). Cette étude sur les déterminants des IDE, leurs effets sur l'économie et les canaux de transmission par lesquels ils agissent sur la croissance économique constituent à notre connaissance, la première étude menée dans ce domaine pour le cas des pays de l'UEMOA, avec l'estimateur du maximum de vraisemblance à information complète, au regard de la littérature existante.

4.0 Revue de littérature

En général, la littérature économique identifie les facteurs explicatifs des IDE, dans les pays en développement, en deux groupes. Les facteurs dits « push factors » se composent des variables liées aux motivations et à la nature des investisseurs étrangers (Mody et Murshid, 2002 ; Calvo et al, 1993 ;) et les facteurs dits « pull factors » qui se composent généralement des variables telles que la performance et les politiques macroéconomiques, le degré d'ouverture, le niveau des taxes, les mesures incitatives, la qualité des institutions juridiques, l'indice risque pays, le régime politique, la taille du marché domestique et les ressources naturelles (Collins, 2002). La performance d'un cadre macroéconomique propice et stable est une condition nécessaire pour l'attraction des flux d'IDE. Selon Kinda Tidiane (2009) « Les facteurs internes ou « pull factors » caractérisent de manière générale les conditions macroéconomiques d'un pays qui peuvent influencer les flux de capitaux privés à destination de ce pays. Ils incluent entre autres le taux de croissance économique, le taux d'intérêt domestique, la fiscalité, le taux d'inflation et la volatilité du taux de change ». Également pour Asiedu (2013), Dabla-Norris et al (2010), Arbatli (2011), Anyanwu (2011), Martine Bullard (2016), ces conditions comprennent notamment la qualité des infrastructures socio-économiques, la taille du marché, le niveau de développement du capital humain, la distance entre le pays et les principaux marchés internationaux, le coût du travail, l'ouverture au commerce international, la politique de change, les incitations fiscales et non fiscales, la stabilité politique, la politique monétaire et le degré de libéralisation du système financier, les ressources naturelles. Ces facteurs jouent un rôle dominant dans l'explication de ces flux.

L'avènement de la théorie de la croissance endogène a encouragé la recherche sur les canaux, par lesquels, l'IDE peut promouvoir la croissance à long terme. Romer (1993), stipule que les firmes multinationales en fournissant de nouvelles connaissances aux pays en développement, réduisent les écarts technologiques entre ces pays et les pays avancés, ce qui peut constituer un facteur important de croissance et de convergence économique. Les facteurs comme le capital humain, l'accumulation du capital, le commerce international et la politique gouvernementale, qui selon la théorie de la croissance endogène expliquent la croissance, à long terme, pouvant être véhiculés par l'IDE. L'IDE, est supposé, stimuler la croissance, par la création d'avantages comparatifs dynamiques conduisant au transfert de technologie, l'accumulation du capital humain et l'intensification du commerce international (OCDE, 2002). Ces avantages dynamiques, souvent connus sous le nom des spillovers, sont liés les uns aux autres, complémentaires, et ne doivent pas être étudiés séparément. En effet, le gain engendré par l'IDE sur un facteur de la croissance est susceptible de stimuler le développement des autres facteurs, une sorte de synergie. Constantina Kottaridi et al (2010) en passant par des preuves empiriques qui tiennent compte des effets non linéaires du revenu initial et de capital humain sur la croissance, ont conclu que les entrées des IDE ont renforcé la croissance économique des pays à revenu intermédiaire.

La littérature empirique sur les IDE, nous révèle que des auteurs comme Dutt (1997), Lipsey (2000), Belloumi (2014), Carkovic et Levine (2005) ne trouvent aucune relation significative entre la croissance et les IDE. D'autres trouvent que la relation entre les IDE et la croissance peut aller dans les deux sens : l'IDE peut stimuler la croissance ((Kottaridi et al (2010), Barro (1991), Romer (1993), Lucas (1988), Barro et Sala-i-Martin (1995)) ou avoir des effets négatifs sur la croissance (Rothgeb (1984), Blomstom et al. (1992), Saltz (1992) et Meschi (2006)) ; mais également, a croissance économique pourrait-être un facteur d'attractivité des IDE (Alaya (2004), Li et Liu (2005), Bulard (2016), Asiedu (2013)). Elle relève également que les IDE sont supposés stimuler la croissance par des canaux de transmission (Alaya 2004, Esso 2005, Vogiatzoglou et Thi, 2016).

Au regard de toute cette brève revue de la littérature économique, il ressort que les conclusions sur les effets des IDE sur la croissance restent mitigées. Des études spécifiques sur les pays africains de l'Union économique et monétaire ouest-africaine sont très peu nombreuses et nous n'avons pas pour l'heure, connaissance, d'études menées sur les canaux de transmission par lesquels les IDE agissent sur la croissance. Cette étude voudrait lever le voile sur ce point.

5.0 Méthodologie et Données

L'étude des investissements directs étrangers dans l'UEMOA et la prise en compte de ses effets sur la croissance par les canaux de transmission, constitue une source de renseignements indispensables et incontournables dans le financement du développement des économies africaines à plus grande échelle.

Nous avons affaire à des échantillons de sept (7) pays (Bénin, Burkina Faso, Côte d'Ivoire, Mali, Niger, Sénégal et Togo) avec un panel cylindré. On dit d'un panel qu'il est cylindré lorsque $\mathrm{T}(t = 1,2,\mathrm{K}\ ,T)$ observations sont disponibles pour chacun des $\mathrm{N}(i = 1,2,\mathrm{K}\ ,N)$ individus (Greene, 2016). Ainsi pour chaque pays de l'UEMOA susmentionné, nous disposons des informations pour toutes les variables du modèle qui sera défini ultérieurement. Les comportements des sept (7) États pris ensemble sont observés de 1980 à 2016. Cette étude tient donc compte de deux dimensions. Une dimension individuelle correspondant aux nombres d'individus (Pays de l'Union) et une dimension temporelle correspondant à la période d'observations (37 ans). Il s'agit d'un panel long, cylindré et fixe. En général, les données macro-économiques sont disponibles dans des services spécialisés des institutions économiques, financières et monétaires. Dans le cadre de notre étude, les données sont issues essentiellement de la base « Penn World

Table 9.0 » (PWT), la base de données créée par Beek, Demirguc-Kunt et Levine qui nous a permis de disposer des variables sur l'éducation notamment, de la base World Development Indicator 2017 de la Banque Mondiale, de la BCEAO et de la CNUCED. Les données sont des séries annuelles portant sur les pays de l'UEMOA excepté la Guinée-Bissau sur la période 1980-2016. Le choix de cette période se justifie par le fait qu'à partir des années 1980, la plupart des pays en développement surtout ceux de l'UEMOA se sont lancés dans une logique d'attractivité et de promotion des IDE, et par le caractère libéral des politiques entreprises depuis cette période. En outre, avant la crise de la dette dans les années 1980, tous les pays de l'UEMOA ne se sont pas inscrits explicitement dans une logique de libéralisation économique en dehors de la Côte d'Ivoire, qui au lendemain des indépendances a opté pour l'économie libérale. En effet, chaque pays, en fonction des différents régimes politiques qui se sont succédé et se succèdent, choisit ses orientations économiques. Le modèle est enrichi par certaines variables financières, économiques, institutionnelles, telles que les flux d'IDE (IDE), les investissements domestiques (ID), le capital humain (KH), les exportations des biens et services de chaque pays de l'UEMOA pris comme proxy du commerce international (EXPORT), le taux de change (TCHANGE), le degré d'ouverture (OUV), le taux d'intérêt (INTÉRÊT), l'épargne domestique (ÉPARGNE), le produit intérieur brut par habitant pris comme proxy du revenu des parents (PIBH), le nombre de souscriptions aux lignes téléphoniques fixes comme proxy de développement technologique (ABTEL), la dette extérieure (DEBT), le taux de croissance (G), la taxe sur les importations prises comme proxy des taxes sur le commerce international (TAXIMP) et la rente sur les ressources naturelles (NRES). Nos variables endogènes sont des variables qui apparaissent chacune comme des variables dépendantes dans chaque équation du modèle structurel. Elles sont reconnaissables par le fait qu'elles sont elles-mêmes expliquées par d'autres variables. D'où les équations ci-dessous :

Equation1 : $G = f_1\ (IDE, KH, ID, EXPORT) + \varepsilon_1\ (1)$

Equation2 : $IDE = f_2\ (G, KH, ID, EXPORT, OUV, NRES, DEBT) + \varepsilon_2\ (2)$

Equation3 : $KH = f_3\ (IDE, PIBH, ABTEL) + \varepsilon_3\ (3)$

Equation4 : $ID = f_4\ (IDE, G, INTERET, EPARGNE) + \varepsilon_4\ (4)$

Equation5 : $EXPORT = f_5\ (IDE, TCHANG, TAXIMP) + \varepsilon_5\ (5)$

L'indice est utilisé (i) pour caractériser un individu de l'échantillon en occurrence le pays et l'indice (t) pour indiquer la période d'observation. Pour satisfaire aux contraintes et hypothèses de l'outil économétrique, les données feront l'objet de transformations mathématiques et statistiques. Le traitement de ces données avant toute estimation nécessite, la connaissance du panel et le recours aux tests de racine unitaire de première génération pour vérifier la stationnarité des variables, avant de faire les estimations sur le logiciel STATA 14.0. L'utilisation des tests de stationnarité de premières générations de Levin - Lin – Chu (2002), Im – Pesaran – Shin (2003) et Fisher-type (Choi 2001) avec le logiciel Eviews 9.0, a révélé que : pour le cas des pays de l'UEMOA, les variables croissance économique (G), investissements directs étrangers (IDE), capital humain (lKH), degré d'ouverture (lOUV), dette (lDEBT), intérêt (INTÉRÊT), taux de change (lTCHANG), taxes sur les importations (lTAXIMP) sont stationnaires à niveau. Tandis que les variables exportations (EXPORT), épargne (ÉPARGNE), nombre d'abonnés aux lignes téléphoniques (ABTEL), produit intérieur brut par habitant (lPIBH), rente sur les ressources naturelles (NRES), investissements domestiques (ID) sont stationnaires en différence première. Un regard critique sur les données est résumé dans le tableau 1.

Tableau 1 : Statistique descriptive pour l’ensemble des pays de l’UEMOA

Variables	Moyenne	Écart-type	Minimum	Maximum
IDE	**-2,72e-06**	**0,179560**	**0,2187013**	**0,8814399**
G	**3,399167**	**4,385942**	**-16,82535**	**20,28663**
KH	**1,259960**	**0,221993**	**1,014211**	**1,810349**
ID	**1,130101**	**1,143928**	**0,091483**	**7,442101**
EXPORT	**-1,17e-06**	**1,657997**	**-4,038856**	**7,094135**
PIBH	**515,824**	**290,7513**	**158,4056**	**1569,928**

OUV	**0,307812**	**0,095053**	**0,141870**	**0,625167**
TAXIMP	**184,5992**	**155,8889**	**31,93909**	**714,3746**
ABTEL	**0,723369**	**0,628253**	**0,059986**	**2,908524**
TCHANG	**463,5627**	**135,3788**	**211,2796**	**733,0385**
INTÉRÊT	**12,42779**	**11,82062**	**-10,4562**	**59,04733**
DEBT	**3,54896**	**4,198991**	**0,328159**	**19,52363**
NRES	**7,629328**	**4,799113**	**1,894563**	**31,11135**
EPARGNE	**0,242200**	**0,270452**	**0,023279**	**1,499877**

Source : Auteur, des bases de données BM/BCEAO/PWT/CNUCED de 1980-2016/*Unité* : milliard/Obs : 259

Ce tableau fait ressortir de très importants écarts dans les valeurs de certaines variables. C'est l'exemple des variables telles que PIBH, TAXIMP ou encore TCHANG. Les chiffres font état d'une différence respectivement de l'ordre 290,7513 ; 155,8889 et 135,3788 comme valeur de l'écart-type. Cela signifie que les pays de l'UEMOA présentent des caractéristiques différentes quant à l'évolution de leur PIB par habitant, de leurs taxes sur le commerce extérieur et de l'évolution de leurs taux de change. Selon Ouattara (2011), une modélisation log-log c'est-à-dire mettre conjointement les variables indépendantes et la variable dépendante en logarithme corrigerait cette situation. L'application d'une modélisation log-log pour toutes nos variables dans notre cas n'est pas possible, car nous avons dans notre base de données des chiffres positifs et négatifs. Nous avons choisi de faire une transformation logarithmique pour six (6) de ces variables que sont : le capital humain (lKH), le degré d'ouverture (lOUV), la dette (lDEBT), le taux de change (lTCHANG), les taxes sur les importations (lTAXIMP) et le produit intérieur brut par habitant (lPIBH).

Avant de passer aux estimations, nous avons vérifié que les variables explicatives de notre modèle dans le cas des données que nous utilisons ne sont pas fortement corrélées et colinéaires. Pour la détection de la multicolinéarité, nous avons utilisé le calcul des VIF

(Variance Inflation Factors ou facteurs d'inflation de la variance). Les résultats des régressions ont montré que toutes les VIFs ont des valeurs inférieures à 10 (voir annexes) et la moyenne des VIFs pour chaque équation est inférieure à 2. Nous pouvons conclure qu'il y a absence de multicolinéarité et donc les estimations de nos coefficients seront correctes (Chatterjee, Hadi et Price, 2000). Aussi, nous n'aurons pas de problèmes numériques lors de certains calculs. En effet, certaines méthodes utilisent des inversions de matrices. L'inverse d'une matrice (p x p) ne peut être calculé que si elle est de rang p (ou régulière). Si elle est de rang inférieur, autrement dit, s'il existe des relations linéaires entre ses colonnes, alors elle est singulière et non inversible. Les tests de spécification ont été faits équation par équation. Le modèle final à estimer est **un panel hétérogène à effets fixes** pour toutes les équations du système pour les pays de l'UEMOA. Ce qui nous amène à réécrire les équations de la croissance économique, des investissements directs étrangers, du capital humain, des investissements domestiques et des exportations comme suit :

$$\boldsymbol{G}_{it} = \alpha_{1i} + \alpha_{11}\boldsymbol{IDE}_{it} + \alpha_{12}\boldsymbol{lKH}_{it} + \alpha_{13}\boldsymbol{ID}_{it} + \alpha_{14}\boldsymbol{EXPORT}_{it} + \varepsilon_{1it} \quad \textbf{(1')}$$

$$\boldsymbol{IDE}_{it} = \alpha_{2i} + \alpha_{21}\boldsymbol{G}_{it} + \alpha_{22}\boldsymbol{lKH}_{it} + \alpha_{23}\boldsymbol{ID}_{it} + \alpha_{24}\boldsymbol{EXPORT}_{it} + \alpha_{25}\boldsymbol{NRES}_{it} + \alpha_{26}\boldsymbol{lOUV}_{it} + \alpha_{27}\boldsymbol{lDEBT}_{it} + \varepsilon_{2it} \quad \textbf{(2')}$$

$$KH_{it} = \alpha_{3i} + \alpha_{31} \, IDE_{it} + \alpha_{32} lPIBH_{it} + \alpha_{33} ABTEL_{it} + \varepsilon_{3it}$$
(3')

$$ID_{it} = \alpha_{4i} + \alpha_{41} \, IDE_{it} + \alpha_{42} G_{it} + \alpha_{43} ÉPARGNE_{it} + \alpha_{44} INTÉRÊT_{it} + \varepsilon_{4it}$$
(4')

$$EXPORT_{it} = \alpha_{5i} + \alpha_{51} \, IDE_{it} + \alpha_{52} \, lTCHANG_{it} + \alpha_{53} \, lTAXIMP_{it} + \varepsilon_{5it}$$
(5')

où ε_{1it}, ε_{2it}, ε_{3it}, ε_{4it}, ε_{5it} représentent les termes d'erreur.

La correction d'autocorrélation et d'hétéroscédasticité sur nos données s'est faite en appliquant la méthode des Moindres Carrés Généralisés [MCG ou GLS pour le sigle anglais] de Gauss-Aitken, qui consiste simplement en l'application des MCO sur les données transformées. Nous avons voulu savoir s'il n'existe pas dans nos variables, des variables explicatives qui seraient endogènes. Nous avons choisi donc de faire le test de Nakamura et Nakamura (1998), vu que pour l'heure, à notre connaissance, il n'existe pas commande sur stata pour tester endogénéité. Le test révèle que les coefficients des résidus ne sont pas conjointement significatifs aux différents seuils de 0,01 ; 0,05 et 0,10. Alors on rejette l'hypothèse d'endogénéité des variables testées. Le test de Chow, quant à lui, a révélé que les statistiques de Fischer calculées sont toutes supérieures aux statistiques lues au seuil de 0,05 pour toutes les équations de notre échantillon UEMOA. On ne peut donc pas rejeter l'hypothèse nulle de stabilité des coefficients. Par conséquent, le modèle est globalement stable. De ce fait, la dévaluation du FCFA intervenue en 1994 n'a pas eu d'effet différencié sur la stabilité des coefficients du modèle. L'ensemble des données peut-être représenté par une seule ligne de régression. La condition d'ordre également a montré que toutes les équations du modèle étaient suridentifiées. Pour la condition de rang, les praticiens nous disent de la considérer comme un acquis au-delà d'un système de plus de trois équations (Greene 2016). Le modèle contient plus de trois (3) équations soit cinq (5) équations. Nous la considérons comme acquise. L'analyse des effets des IDE s'effectuera par la spécification de quatre équations ayant les déterminants classiques de la croissance économique en endogène : une équation permettant de voir l'effet d'éviction ou d'entrainement des IDE sur l'investissement domestique, une autre permettant de déterminer l'effet des IDE sur le capital humain, une troisième sur les effets des IDE sur les exportations. La dernière équation, ayant la croissance du PIB en endogène, permettra de montrer l'effet des variables matérialisant les canaux de transmission des IDE sur la croissance économique. Enfin l'interprétation de nos résultats permettra de formuler des recommandations de politiques économiques.

6.0 Résultats obtenus

Tout en rappelant que l'objectif de cette étude est d'analyser les facteurs explicatifs des IDE tout en recherchant leurs effets sur l'économie des pays de l'UEMOA, les résultats de nos régressions sont contenus dans les tableaux 2, 3, 4, 5 et 6 ci-dessous.

6.1 Pour les déterminants des IDE

Les investissements directs étrangers sont généralement motivés par des facteurs d'attractivité et d'impulsion, Ajayi (2006). Les facteurs d'impulsion sont relatifs aux pays d'origine tandis que les facteurs d'attractivité dépendent des caractéristiques spécifiques aux pays hôtes. Dans cette recherche, ils sont exprimés en milliard de dollars.

Tableau 2 : Investissements Directs Etrangers pour les tous pays de l'UEMOA

Variables	Coefficients	Écarts-types
G	0,005**	0,002
lKH	0,017***	0,004
dID	-0,002	0,001
d'EXPORT	0,035***	0,006
d'NRES	0,016***	0,005
lOUV	0,117***	0,030
lDEBT	0,049***	0,019
cons	0,089**	0,039

Source : Auteur à partir de la base de données BM/BCEAO/PWT/CNUCED ;

Note : ***, ** et * : significatifs respectivement au seuil de 1 %, 5 % et 10 %.

Il ressort que la croissance économique dont le coefficient est positif et significatif au seuil de 0,05 , le capital humain, les exportations, les ressources naturelles, le degré d'ouverture et la dette dont les coefficients sont positifs et significatifs au seuil de 0,01 sont les déterminants des IDE dans l'espace UEMOA au regard de notre étude. En effet, une augmentation de la croissance économique de 1 point élèverait significativement de 0,005 point le niveau des IDE au seuil 0,05. Les résultats montrent également qu'une augmentation du capital humain de 1 point au seuil de 0,01 engendre une entrée des IDE de 0,017 point. Le capital humain de l'Union est un facteur d'attractivité des IDE. Les IDE augmentent de façon significative de 0,035 point avec une hausse de 1 point du niveau des exportations, au même seuil de 0,01. C'est dire que les exportations lorsqu'elles augmentent, encouragent l'entrée des IDE. Il faut donc développer les exportations de l'Union qui sont essentiellement constituées de produits primaires et qui sont également peu diversifiées. Une hausse des IDE de 0,117 point dans l'union est enregistrée lorsque le degré d'ouverture est en hausse de 1 point au même seuil de 0,01. La théorie confirme ce résultat. La rente totale des ressources naturelles a un coefficient positif et significatif de 0,016 au seuil de 0,01 comme facteur d'attractivité des IDE. Selon la Banque Mondiale (2018), lorsque les pays utilisent ces rentes pour soutenir la consommation courante plutôt que d'investir dans de nouveaux capitaux pour remplacer ce qui est consommé, ils empruntent, en effet, contre leur avenir. Ce fait pourrait expliquer la dette très élevée des pays de l'Union. Cette dette est considérée comme un signal positif envoyé aux investisseurs étrangers. Cela montre que les économies de l'UEMOA sont encore viables. En effet, l'étude révèle qu'une hausse de 1 point de la dette occasionne une hausse des IDE de 0,049 point au seuil de 0,01. C'est le lieu d'encourager les décideurs de l'Union à mettre tout en œuvre pour attirer plus IDE.

6.2 Pour le Capital humain.

Le capital humain recouvre l'ensemble des connaissances, qualifications, compétences et caractéristiques individuelles qui facilitent la création du bien-être personnel, social et économique. Aujourd'hui, la valeur du travail qualifié, complexe et créatif, croît rapidement. En conséquence, le succès économique des pays et des individus repose de plus en plus sur le capital humain - nos compétences, nos apprentissages et nos talents (OCDE, 1998 ; 2018). Les résultats de notre recherche sur les effets des IDE sur le capital humain en zone UEMOA sont consignés dans le tableau de synthèse 3.

Tableau 3 : Équation du capital humain pour l'UEMOA

Variables	Coefficients	Écarts-types
IDE	0,005**	0,002
dlPIBH	0,017***	0,004
d'ABTEL	-0,002	0,001
cons	0,213***	0,011

Source : Auteur à partir de la base de données BM/BCEAO/PWT/CNUCED ;

Note : ***, ** et * : significatifs respectivement au seuil de 1 %, 5 % et 10 %.

Au regard de nos résultats, il s'avère que les IDE et PIBH ont des coefficients qui sont positifs et significatifs au seuil de 0,05 et 0,01. Le coefficient associé aux IDE indique qu'un accroissement de 1 point du flux entrant des investissements directs étrangers engendre une amélioration de la qualité du capital humain d'environ 0,005 point. Ce qui voudrait dire que les IDE créent des spillovers positifs sur les ressources humaines. Donc, les IDE ont un effet positif et significatif sur le capital humain. Ainsi, les firmes multinationales ne prennent pas le niveau de capital humain en zone UEMOA comme une donnée irréversible. Elles peuvent investir tout en s'engageant dans la formation de la main-d'œuvre surtout si cela permet d'améliorer leurs rendements dans les pays d'accueil. Ces firmes dans la majorité des cas font appel à une main-d'œuvre qualifiée venant de l'occident. Une hausse de 1 point du produit intérieur brut par habitant entraine une augmentation de 0,017 point de la productivité du capital humain dans l'Union. C'est dire que le revenu des parents participe de façon significative à l'accumulation des connaissances et au développement des compétences humaines.

6.3 Pour les Investissements domestiques.

La littérature indique qu'il peut y avoir soit un effet de stimulation des firmes locales, soit un effet d'éviction des IDE sur les investissements domestiques. Les résultats des régressions concluent quant à une stimulation majeure des firmes locales des pays de l'UEMOA. Les IDE constituent un outil d'accroissement des capitaux domestiques, permettant d'éviter l'endettement extérieur, OCDE (2002). En effet, la participation des investisseurs étrangers au développement des infrastructures physiques et au développement des marchés financiers peut contribuer à améliorer l'efficacité des investissements domestiques. Le tableau 4 donne les résultats des effets des IDE entrants dans l'UEMOA sur les investissements domestiques.

Tableau 4 : Équation des Investissements Domestiques pour l'UEMOA

Variables	Coefficients	Écarts-types
G	0,017***	0,004
IDE	0,005**	0,002
INTÉRÊT	-0,005	0,001
d'EPARGNE	0,035***	0,006
cons	0,005	0,026

Source : Auteur à partir de la base de données BM/BCEAO/PWT/CNUCED ;

Note : ***, ** et * : significatifs respectivement au seuil de 1 %, 5 % et 10 %.

Le tableau révèle que les variables IDE, croissance économique et ÉPARGNE ont des coefficients positifs et significatifs indiquant une influence positive et significative sur les investissements domestiques au seuil de 0,05 pour les IDE et de 0,01 pour la croissance économique et l'épargne. Le coefficient de l'épargne est positif et significatif indiquant qu'une augmentation de

1 point du taux d'épargne engendre une hausse de l'investissement domestique de 0,035 point. Ce qui signifie que les investissements domestiques sont financés par les ressources domestiques. Cette causalité est conforme à la thèse néoclassique selon laquelle l'épargne constitue un préalable à l'investissement. De ce fait, la politique économique doit favoriser l'épargne. De plus une augmentation de 1 point des IDE occasionne une hausse significative des investissements domestiques de 0,005 point. Les IDE ont un effet positif et significatif sur les investissements domestiques. Ce résultat signifie que dans la zone UEMOA, les entrées des investissements directs stimulent l'investissement domestique par le biais d'effets de report technologique et organisationnel aux entreprises locales. Ainsi, Markusen et Venables (1999) soutiennent que les firmes multinationales peuvent générer des externalités financières au profit des entreprises locales. De plus, les investissements étrangers stimulent les investissements domestiques au moyen des activités connexes qui se développent au voisinage de zones d'implantation des entreprises étrangères. Un accroissement de la croissance économique de 1 point engendre une augmentation des investissements domestiques de 0,017 point. La croissance économique a un effet favorable sur les investissements domestiques.

6.4 Pour les exportations.

Les liens entre les échanges et les investissements directs étrangers qui sont l'une des principales caractéristiques de la globalisation, sont complexes et ne peuvent pas être déduits à partir d'une analyse purement théorique (Foutagné, 1999). Les résultats des régressions sur les effets des IDE entrants sur exportations des économies des pays de l'UEMOA sont consignés dans le tableau 5.

Tableau 5 : Équation des exportations pour tous les pays de l'UEMOA

Variables	Coefficients	Écarts-types
IDE	0,005**	0,002
lTCHANG	0,017***	0,004
lTAXIMP	-0,002	0,001
cons	-0,079	0,107

Source : Auteur à partir de la base de données BM/BCEAO/PWT/CNUCED ;

Note : ***, ** et * : significatifs respectivement au seuil de 1 %, 5 % et 10 %.

Les résultats du modèle affichent des coefficients positifs et significatifs au seuil de 0,05 et 0,01 des IDE et du taux de change montrant ainsi que les IDE et le taux de change ont des effets positifs et significatifs sur les exportations. En effet, une augmentation de 1 point des IDE conduit à une hausse de 0,005 point des exportations au seuil de 0,05. Un résultat assez attendu puisqu'un grand nombre de filiales qui se sont implantées dans ces pays a besoin de réexporter leur production vers leurs pays d'origine ou vers leurs sociétés mères ou vers d'autres marchés ; ce qui contribue, toutes choses étant égales par ailleurs, à l'accroissement du volume des exportations des pays d'accueil. Une hausse de 1 point du taux de change occasionne une hausse des exportations de 0,017 point au seuil de 0,01. Ce résultat révèle un effet important du pouvoir d'achat des investisseurs étrangers. Il y a donc lieu d'encourager, de développer et de diversifier les exportations. On constate qu'il existe une relation significative-positive entre les exportations et le taux de change dans l'espace UEMOA ; ce qui renforce l'idée selon laquelle les variables monétaires jouent un rôle clé dans la politique macroéconomique de l'UEMOA. Le taux de change est donc favorable aux exportations.

6.5 Pour la croissance économique

La littérature révèle que les IDE tendent à alimenter la croissance économique dans les pays d'accueil, principalement par le biais des retombées associées au transfert de technologies et de connaissances. Dans le même temps, on observe des interactions entre IDE et la croissance économique via les canaux de transmission (Foutagné et al. 2010 ; Alaya 2004). Les résultats des estimations se trouvent dans le tableau 6.

Tableau 6 : Équation de la Croissance économique pour l'UEMOA

Variables	Coefficients	Écarts-types
IDE	0,005**	0,002
IKH	0,017***	0,004
dID	-0,002	0,001
d'EXPORT	0,035***	0,006
cons	3,465***	0,265

Source : Auteur à partir de la base de données BM/BCEAO/PWT/CNUCED ;

Note : ***, ** et * : significatifs respectivement au seuil de 1 %, 5 % et 10 %.

Les résultats des régressions du modèle révèlent une contribution significative des déterminants « classiques » de la croissance économique. Les variables qui influencent de façon significative le taux de croissance économique dans la zone sont : les investissements directs étrangers, le capital humain et les exportations avec des coefficients positifs et significatifs aux seuils respectivement de 0,05 et de 0,01. Nous constatons qu'une augmentation de 1 point des investissements directs étrangers entraîne une hausse de 0,005 point du taux de croissance économique au seuil de 0,05. C'est dire que dans l'espace UEMOA, les IDE ont un effet direct positif et significatif sur le taux de croissance économique. Ce résultat vient confirmer notre seconde hypothèse sur l'effet direct positif et significatif des IDE sur la croissance économique. Ce résultat est identique à celui d'Ajayi (2004). En effet, il montre qu'il existe une relation positive entre les IDE et la croissance économique, mais ces liens sont faibles en Afrique. Dans la même logique, Bouklia et Zatla (2001) soulignent également le faible effet des IDE sur la croissance économique dans les PSEM. Une hausse de 1 point du capital humain engendre une hausse du taux de croissance économique de 0,17 point au seuil de 0,01. Le capital humain est un canal de transmission par lequel les IDE affectent positivement et significativement la croissance économique des pays de la zone UEMOA. Pour l'effet des exportations sur la croissance économique dans l'espace, celui-ci est positif et significatif au seuil de 0,01. Une augmentation de 1 point des exportations occasionne une hausse de 0,034 point du taux de croissance économique. Les exportations sont donc considérées comme un canal de transmission des effets des IDE sur la croissance économique. Les IDE entrants dans l'UEMOA ont un effet direct positif et significatif sur la croissance économique et agissent sur elle de façon indirecte par le biais des canaux de transmission que sont le capital humain et les exportations.

6.6 Les résultats post-estimations par les SEM

La post-estimation a permis de vérifier que le modèle est stable, de voir la bonne qualité des statistiques et la robustesse des résultats et de pouvoir lever les contraintes sur le modèle. En effet, l'analyse de stabilité de notre système d'équations simultanées par la condition de stabilité de Eigenvalue, nous donne un index de stabilité = 0,0166852 avec toutes les eigenvalues se trouvant à l'intérieur du cercle de l'unité ; avec une bonne qualité des statistiques (tableau 7) ou les statistiques des chi2 sont inférieures au seuil de 0,05 et le test du multiplicateur de Lagrange qui a des toutes les statistiques des tests petites pour rejeter l'hypothèse nulle au seuil de 0,05.

Tableau 7 : Robustesse de nos statistiques – UEMOA

Fit statistic	Value	Description
Likelihood ratio		
chi2_ms (109)	1351,921	model vs. saturated
p > chi2	0,000	
chi2_bs (119)	1549,244	baseline vs. saturated
p > chi2	0,000	

Source : Auteur à partir de la base de données BM/BCEAO/PWT/CNUCED 1980-2016.

Note : seuils de 0,01, 0,05 et 0,10.

7.0 Conclusion et propositions de politiques économiques

La présente étude a eu pour objectif principal d'analyser les facteurs explicatifs des IDE en recherchant les canaux de transmission par lesquels ils agissent sur toute l'économie des pays de la zone UEMOA. L'atteinte de cet objectif s'est traduite d'abord par une évaluation économétrique des déterminants des flux d'IDE en direction de l'Union, de l'effet direct des IDE sur la croissance économique, des canaux de transmission par lesquels les IDE agissent sur la croissance économique en zone UEMOA, sur la période de 1980-2016. Les résultats issus de notre modèle indiquent que les déterminants des IDE, sont la croissance économique, le capital humain, les exportations, la rente sur les ressources naturelles, la dette extérieure et le degré d'ouverture. Les IDE entrants ont un effet positif et significatif direct sur la croissance économique, les investissements domestiques, le capital humain et les exportations ; et les canaux de transmission par lesquels ceux-ci agissent sur la croissance économique sont le capital humain et les exportations. Sur la base des résultats des régressions obtenus, il serait bon que les autorités de l'espace UEMOA continuent de renforcer leurs efforts de financement du capital humain (secteur de l'éducation et de la santé) formé pour les nouvelles technologies et mettre en œuvre des mesures visant la formation d'une main-d'œuvre disposant des qualifications techniques et professionnelles requises pour répondre aux besoins des investisseurs nationaux et internationaux. Cela passe par l'amélioration de la qualité de l'éducation en ayant les mêmes pratiques pédagogiques que dans les pays développés ; par le développement du partenariat public-privé qui permettra de contractualiser et de promouvoir le lien entre les organismes publics et ceux du secteur privé pour la décentralisation et donnerait plus de marge de réactivité aux établissements de formation. Ce qui créerait les conditions pour améliorer la pertinence et la qualité des formations (Hanushek and Wößmann, 2007). Si les pays de l'UEMOA bénéficient de systèmes éducatifs performants et de formations adaptées, cela permettra d'attirer de nombreuses entreprises et les investissements nécessaires dans la zone et sur le continent africain. Ils devraient également encourager, développer et diversifier les exportations. Cela pourrait être possible en changeant de régime de change, car le système de change influence à la fois les performances économiques extérieures et domestiques des pays. Ce nouveau régime va permettre d'ajuster la valeur de la monnaie à la conjoncture économique, de favoriser les exportations. Ce qui implique qu'il aura en amont, le renforcement des capacités de production, la création d'emploi et par ricochet, la réduction de la pauvreté. En effet, une monnaie faible par rapport aux autres devises permet de réduire les importations, car elles reviennent plus chères, mais encourage la production locale, donc les exportations (Yougbaré, 2013). Les investissements domestiques étant financés par l'épargne domestique, les décideurs de la zone devraient également encourager et favoriser l'épargne interne par la mise en place de véritables politiques nationale et régionale de l'épargne, qui favorisent l'épargne longue, notamment l'épargne investie en actions, cotées ou non cotées, et organisent un environnement réglementaire et fiscal cohérent et stable en vue de favoriser la constitution par les ménages d'une épargne de long terme tout en laissant l'espace nécessaire aux contraintes de liquidité des épargnants (Banque de France, 2012). Pour finir, les praticiens devraient œuvrer à substituer la dette aux IDE, en vue de conjurer le problème de la dette extérieure eu égard aux effets pervers de ce mode de financement ; ce qui constitue une solution efficace aux problèmes de financement d'une croissance économique durable, car contrairement à la dette à court terme, les investissements directs dans un pays sont immédiatement réévalués en cas de crise. Aussi, lorsque l'IDE est solidement installé, il ne peut pas quitter le pays facilement aux premiers signes de difficultés (FMI (2001), Zouari et Sboui (2004)).

Résumé : Le présent article aborde la question des interactions entre les IDE et le développement économique pour le cas spécifique des pays de l'UEMOA. Cette recherche vise à analyser les facteurs explicatifs des IDE tout en recherchant leurs effets sur l'économie des pays de la zone UEMOA. En d'autres termes, elle vise le point de l'évolution du processus d'intégration sur la base des investissements directs étrangers entrant dans ces pays. À l'aide des données de panel sur les pays de l'UEMOA, à l'exception de la Guinée Bissau, sur la période 1980 à 2016, un modèle à effet fixe a été estimé. L'analyse macroéconomique menée consiste en l'estimation d'un modèle structurel à équations simultanées sur données de panel avec la méthode d'estimation dite à information complète du maximum de vraisemblance (FIML). Sur la base des résultats des estimations, il ressort que la croissance économique, le capital humain, les exportations, la rente sur les ressources naturelles, le degré d'ouverture et la dette seraient les déterminants des IDE dans la zone UEMOA. Ce qui indique, à cet effet, que les IDE entrants dans l'espace UEMOA auraient un effet direct positif et significatif sur la croissance économique, le capital humain, les investissements domestiques, les exportations et donc sur l'économie dans son ensemble. Cependant, seuls le capital humain et les exportations arriveraient à affecter positivement et significativement la croissance économique et donc constitueraient les canaux de transmission par lesquels les IDE agiraient sur la croissance économique des pays de l'espace UEMOA.

Mots clés : UEMOA, investissements directs étrangers, croissance économique, attractivité, effets, déterminants, canaux de transmission.

Abstract : *This present article addresses the question of interactions between FDI and economic* *development for the specific case of WAEMU's countries. This research aims to analyze the explanatory factors of FDI while looking for their effects on the economy of the countries of the WAEMU's zone. In other words, it aims at the point of evolution of the integration process on the basis of foreign direct investment entering these countries. Using panel data on the countries of WAEMU with the exception of Guinea Bissau for the period 1980 to 2016, a fixed-effect model for the countries of WAEMU has been estimated. The macroeconomic analysis conducted consists of estimating a simultaneous equation structural model on panel data using a complete information estimation method, the Full Information Maximum Likelihood (FIML). Based on the results of the estimates, it appears that economic growth, human capital, exports, rent on natural resources, degree of openness and debt are the determinants of FDI in the WAEMU's zone. This indicates, to this effect, that FDI entering the WAEMU's space would have a significant and positive direct effect on economic growth, human capital, domestic investment, exports and therefore on the economy as a whole. However, only human capital and exports would be able to positively and significantly affect economic growth and thus constitute the transmission channels through which FDI would affect the economic growth of the WAEMU's countries.*

Key words: WAEMU, foreign direct investment, economic growth, attractiveness, effects, determinants, transmission channels.

8.0 Références bibliographiques

Ajayi (2006), Foreign Direct Investment in Sub-Saharan Africa : origins, targets, impact and potential, African Economic Research Consortium (AERC), p. 244.

Ajayi (2006), L'IDE et le développement économique en Afrique, Document à présenter lors du Congrès International ADB/AERC sur l'Accélération du Développement de l'Afrique les cinq premières années du 21e siècle, Tunis, Tunisie, du 22 au 24 novembre 2006.

Alaya, Nicet-Chenaf et Rougier (2009) : À quelles conditions les IDE stimulent-ils la croissance ? IDE, croissance et catalyseurs dans les pays méditerranéens, Mondes en développement Vol.37-2009/4-n °148, pp 119-138.

Anyanwu. (1998b), An Econometric Investigation of the Determinants of Foreign Investment in Nigeria, Rekindling Investment for Economic Development in Nigeria »', Ibadan.

Arnatli (2011), Economic policies and FDI inflows to emerging market economies, IMF Working Paper, 11/192 (Washington : International Monetary Fund).

Asiedu (2013), Foreign Direct Investment, Natural Resources and Institutions, working paper, International Growth Center.

Asiedu et Lien 2010), Democracy, foreign direct investissement and natural resources, Journal of International Economics.

Asiedu (2002), On the determinants of foreign direct investment to developing countries : Is Africa different ? World development, Vol. 30, Issue 1, pp. 107 – 119.

Banque de France (2017), Difficile Rebond Africain, La lettre de la zone franc N° 8 • juin.

Banque de France (2015), « Rapport annuel de la zone franc » Eurosysteme.

Banque mondiale (2017), Rapport sur l'urbanisation en Afrique : pour soutenir la croissance il faut améliorer la vie des habitants et des entreprises dans les villes Communiqué de presse, 9 février.

Banque Mondiale (2016), Apports financiers extérieurs, croissance économique et pauvreté en Afrique de l'Ouest : quels liens ? Rapport annuel.

Barro R. J., Sala-i-Martin X. (1995), Economic Growth Theory, MIT Press.

BCEAO (2015), La politique et les agrégats monétaires dans l'UEMOA, Rapport zone franc.

Blomström et Kokko, (2003), Human capital and Inward FDI, Working paper, No.167, Stockholm school of Economics.

Bouoiyour, Jamal, Hicham Hanchane, et El Mouhoub Mouhoud. « Investissements directs étrangers et productivité. Quelles interactions dans le cas des pays du Moyen-Orient et d'Afrique du Nord ? », Revue économique, vol. vol. 60, n° 1, 2009, pp. 109-131.

Bulard (2016), Appétit chinois, incurie française : Brevets, vignobles, enseignes, immobilier..., Le Monde diplomatique, octobre 2016.

CNUCED (2018), Rapport sur l'investissement dans le monde, *l'investissement et les nouvelles politiques industrielles,* Reperes et vue d'ensemble.

CNUCED (2017), World investment report, Investment and the Digital Economy.

CNUCED (2016), Rapport sur l'investissement dans le monde 2016 Nationalités des investisseurs : enjeux et politiques, repères et vue d'ensemble. CED (2016), Global Investment Trends Monitor, n° 22, 20 janvier.

Collins (2002), Capital flows, investment and growth in developing countries : Issues and implications for Africa, Paper presented at the African Economic Research Consortium Biannual Research Workshop, Durban, South Africa, December.

Cuadros et al (2004), Openness and growth : re-examining foreign direct investment, trade and output linkages in Latin America, The journal of development studies, Vol. 40, Issue 4, pp. 167 – 192.

Calvo, Leiderman et Reinhart (1993), Capital inflows and real exchange rate appreciation in Latin America : The role of external factors, IMF staff papers, Vol. 40, pp. 108 – 151.

Dabla-Norris, Honda, Lahreche et Verdier (2010), FDI Flows to Low-Income Countries : Global Drivers and Growth Implications, IMF

Working Paper, 10/132 (Washington : International Monetary Fund).

De Gregorio (1992), Economic growth in Latin America, Journal of Development Economics, vol 39, N°1, pp : 59-84.

Dje (2007), Les déterminants des investissements étrangers dans les pays en développement : leçons pour l'UEMOA, Document d'étude et de recherche, BCEAO.

Fontagné et Toubal (2010), Investissement direct étranger et performances des entreprises, Rapport du Conseil d'Analyse Économique, La Documentation Française, Paris.

FMI (2018), *Union Économique et Monétaire Ouest-Africaine, Entretiens dans le cadre des consultations de 2018 au titre de l'article IV sur les politiques communes des pays membres* — Communique de presse ; Rapports des services du FMI ; et déclaration de l'administrateur pour l'UEMOA, Rapport du FMI n° 2018/106.

Greene (2016), Econometric analysis, Seventh edition.

Kaldor (1964), Essays on Economie Poliey, G. Duckworth, London.

Ikiara (2003), Foreign Direct Investment (FDI), Technology Transfer, and Poverty Alleviation : Africa's Hopes and Dilemma, ATPS Special Paper Series No. 16. African Technology Policy Studies, Nairobi.

Koukpo (2005), Analyse des déterminants des investissements directs étrangers dans les pays de l'UEMOA, Institut Africain de Développement Economique et de Planification.

Kottaridi, Constantina & Stengos, Thanasis (2010). "Foreign direct investment, human capital and non-linearities in economic growth," Journal of Macroeconomics, Elsevier, vol. 32(3), pages 858-871, September.

Lancaster (1980), Intra-industry Trade under Perfect Monopolistic Competition, Journal of International Economies, vol. 10, pp. 151-75.

Larrain (2004), What determines foreign direct investment ? An empirical investigation, Econometric society, 2004, n° 347.

Lautier M. et Moreaub F (2012), Domestic Investment and FDI in developing countries : The missing link, Journal of economic development ,1 Volume 37, Number 3, September

Lim (2001), Determinants of, and the Relation Between, Foreign Direct Investment and Growth : A Summary of the Recent Literature, IMF Working Paper N°175.

Mody et Murshid (2002), Growing up with capital flows, IMF Working Paper WP/02/75, International Monetary Fund, Washington, D.C.

Morisset (2000), Foreign direct investment in Africa : Policies matter, Transnational Corporations, Vol. 9, Issue 2, pp. 107 – 125.

Neumayer et Spess (2005), Do bilateral investment treaties increase foreign direct investment to developing countries ? World Development, Vol. 33, Issue 10, pp. 1567 – 1585.

Ndikumana, L., and S. Verick (2008), "The Linkages between FDI and Domestic Investment : Unravelling the Developmental Impact of Foreign Investment in Sub- Saharan Africa," Development Policy Review, 26(6).

Obwona M.B. (1996), « Determinants of FDI and their impact on economic growth in Uganda », Economic policy research centre.

OCDE (2014), Rapport sur le cadre de l'OCDE pour une croissance inclusive, réunion du conseil de l'OCDE au niveau des ministres de Paris, 6-7 MAI.

OCDE (2002), L'investissement direct au service du développement : Optimiser les avantages, Minimiser les coûts, Paris.

Romer (1993), Idea gaps and Object Gaps in Economic Development, Journal of Monetary Economics, vol. 32, n°3, décembre 1993, pp. 543-573.

Tassey (2004), Policy Issue for R&D investment in a Knowledge-based economy, The journal of technology transfer, Springer, Vol. 30, Issue 2-3, pp. 211– 225.

Tidiane (2009), The determinants of private capital inflows in WAEMU : A panel data approach, Munich Personal RePEc Archive, Paper No. 19159.

Vogiatzoglou K. et Thi N. P. N. (2016), Economic openness and economic growth: A cointegration analysis for ASEAN-5 countries, The European Journal of Applied Economics, 13, 10–20.10.5937/ejae13-11311.

Acceptabilité et vaccinations au Burkina Faso

Bationo Bouma Fernand
LARISS, Université Joseph KI-ZERBO
Département de sociologie

Introduction

Les vaccinations constituent une des principales interventions en santé publique afin de contribuer à réduire la morbidité et la mortalité (Streefland, Chowdhury and al, 1999) des enfants au Burkina Faso. L'accès aux campagnes de vaccinations rencontre parfois des réticences socioculturelles ou des refus de la part des populations bénéficiaires. Une étude menée en milieu urbain au Bénin a montré que les conceptions religieuses constituent des barrières dans l'acceptation des vaccinations (Fourn, Haddad et al, 2009). Une recherche menée au Burkina Faso dans le district sanitaire de Nouna, montre que les décisions des pères, des grands-mères et les logiques sociales de la maladie de l'enfant étaient importantes dans le recours aux séances de vaccinations (Bationo, 1993 ; Dugas, Dubé et al, 2009). Des connaissances, attitudes et croyances des parents relatives aux perceptions sur les risques liés à la vaccination ont été démontrées (Poltorak, Leach, 2005). De nombreuses études ont été consacrées à l'analyse des résistances (Dugas, Dubé, 2009), des refus et des barrières financières dans le recours aux vaccinations (Dasa and Dasb, 2003) ; en revanche, très peu de travaux ont abordé la problématique de l'acceptabilité des méthodes vaccinales dans les campagnes de vaccination (Mahoneya, James et al, 1999). Il est alors important d'examiner les perceptions locales ou populaires de la communauté bénéficiaire et des professionnels de santé pour comprendre les comportements de la demande en vaccination (Nichter, 1995) et la mise en route d'une approche cohérente du processus de validation (Hendriksen, Arciniega and al, 2008). Cet article a pour objectif d'analyser les perceptions sociales des méthodes vaccinales au Burkina Faso par des acteurs communautaires bénéficiaires des vaccinations et des professionnels de la santé.

Approche méthodologique

C'est une étude à visée qualitative et transversale ; elle a combiné des entretiens individuels semi-structurés avec des enfants, des personnels de santé (niveaux périphérique et central[47]) et des focus groups avec des parents (pères, mères, tuteurs).

Sites de l'étude

L'étude a été conduite dans la direction régionale de la santé (DRS) du centre et a concerné les districts sanitaires de Baskuy et de Bogodogo. L'étude a inclus les milieux rural et urbain desdits districts pour diversifier les opinions des acteurs des perceptions sociales des méthodes vaccinales.

Participants à l'étude

La collecte des données a concerné des acteurs communautaires (pères, mères et enfants) et professionnels de santé (infirmiers d'État, sages-femmes d'État, agents itinérants de santé qui sont des vaccinateurs, des directeurs de programmes élargis de vaccinations (PEV), attachés de santé, pharmaciens et

---

[47] Il s'agit des personnels de santé des centres de santé et de promotion sociale, des directions centrales de la santé.

médecins). Cela permet une diversification des opinions de l'objet étudié. L'étude a concerné 32 professionnels de santé, 30 parents et 10 enfants.

- 24 vaccinateurs, dont des sages-femmes d'État, des infirmiers d'État, des accoucheuses auxiliaires, agents itinérants de santé ;
- un employé chargé de la destruction des déchets médicaux ;
- Quatre médecins de santé publique ;
- Trois pharmaciens du programme élargi de vaccination ;
- 30 parents d'enfants, dont 10 mères et 20 pères ;
- 10 enfants (6-15 ans).

Considérations éthiques

L'autorisation d'entreprendre l'étude par l'agence de médecine préventive a été approuvée par le ministère de la Santé du Burkina Faso. Le protocole de l'étude a été validé par le comité d'éthique en santé au Burkina Faso. Les enfants ont été interviewés en présence d'un parent ou tuteur qui a donné son accord suite aux explications des objectifs de la recherche.

Perceptions de la vaccination et des méthodes vaccinales

La vaccination, les méthodes vaccinales par voie injectable et orale et les maladies citées telles que la méningite, la fièvre jaune, le tétanos, la rougeole, la diphtérie, la coqueluche sont connues des personnels de santé, des parents et des enfants interrogés.

« *Je pense que c'est bien, car la vaccination permet de protéger les enfants et les femmes qui sont en grossesse » (*focus group femmes, milieu rural).

« *Ce que je peux dire, c'est grâce aux vaccinations que la rougeole n'est plus fréquente comme avant » (*participant, focus group hommes, milieu rural).

Les connaissances des vaccinations par les populations et les avantages dans la réduction de la morbidité et de la mortalité des enfants ont été abordés par plusieurs auteurs (Fourn, Fayomi and al, 1998 ; Nichter, 1995 ; Levine et Levine, 1997 ; Holte et al, 2012).

Les connaissances des méthodes par voie injectable et orale[48] par les parents et les enfants se réfèrent à des termes « *piqures* » et « *mettre dans la bouche* ».

[48] Méthode injectable se traduit par « piqué » et la voie orale par « gouttes » ou « ce qu'on met dans la bouche ».

« Il y a des vaccinations où on pique les enfants ; il y en a aussi qu'on met dans la bouche de l'enfant » (focus group, mères d'enfants vaccinés).

Perceptions sociales de la méthode par voie injectable

La plupart des acteurs interrogés déclarent que la méthode par voie injectable est connue à cause des effets secondaires indésirables produits. La douleur de l'injection et le corps chaud sont couramment évoqués par les enfants pour décrire les désagréments produits par cette méthode.

« Oui, j'ai eu mal au bras ; j'ai eu le corps chaud aussi. On m'a [agent vaccinateur] *de prendre du paracétamol et que ça va passer ; après, c'est passé, mais ça m'a fait très mal... »* (Enfant, 15 ans, milieu urbain).

Les mêmes types de désagréments sont observés par les personnels de santé qui déclarent que ces effets secondaires néfastes peuvent entraîner des réticences ou des refus des parents à la réussite de la couverture vaccinale.

« La voie injectable est compliquée. Par exemple, pour la rougeole et la fièvre jaune, il faut piquer deux fois ; après la vaccination des enfants par l'injectable, il y a des inflammations et la fièvre. Tous ces

*inconvénients font que les mamans fuient parfois les vaccinations » (*vaccinateurs, milieu rural).

Une relation de cause à effet est alors établie entre la méthode par voie injectable et les désagréments produits sur le corps des enfants. Une étude réalisée à Brighton (Poltorak, Leach and al, 2005) a montré la relation que les mères interrogées ont établie entre les effets secondaires indésirables liés à l'autisme des enfants et la vaccination contre la rougeole, les oreillons et la rubéole (Measles, Mumps and rubbella).

Les déclarations des parents évoquent des erreurs médicales possibles qui se traduisent par des maladies iatrogéniques cliniques et sociales (Ivan Illich, 1972). Cela donne une autre identité du corps de la personne vaccinée, des séquelles entraînant des conséquences sociales et économiques et des effets parfois stigmatisants.

« *Moi, j'ai dans ma cour un enfant qui a été paralysé quand on l'a piqué. Moi je pense que ce n'est pas bon. Parce qu'il faut bien se dire que si c'est avec les injections, c'est grave quand un enfant perd l'usage de sa jambe* » (père, enfant non complètement, vacciné, milieu rural).

Les discours des mères en milieux rural et urbain sont axés sur la prise en charge des effets indésirables et attendent des personnels de santé des conseils pour les orienter dans ce sens. Les vaccinateurs sont sollicités en tant qu'experts dans ce domaine.

« *Celui qui fait la vaccination* [vaccinateur] *nous dit souvent de donner aux enfants du paracétamol lorsqu'ils ont le corps chaud* » (mère, enfant vacciné, milieu urbain).

Ce sont des risques perçus par les parents (Casiday, 2007) qui ont besoin d'être informés et rassurés par les professionnels de santé pour gérer les effets secondaires observés (fièvre, abcès…). Ces informations sont utiles pour éviter les réticences à adhérer aux vaccinations parce que la prise en charge des effets secondaires néfastes conduit les parents à rechercher des soins pour les enfants.

Selon les professionnels de santé, la voie injectable ou parentérale présente des risques d'accident de travail. Les discours démontrent que les risques d'exposition au sang et aux accidents professionnels en milieu de travail sont élevés surtout au moment des campagnes de vaccination de masse.

« *Avec la bousculade des populations pendant les campagnes de vaccination de masse et la charge de travail élevée, il y a des risques de se piquer avec l'aiguille ; on a déjà vu des collègues se piquer* » (participant, focus group vaccinateur, milieu urbain).

« J'ai été victime d'une telle situation la semaine dernière, car je suis tombé sur un bébé qui bougeait beaucoup sa main et je me suis piqué. J'ai été faire le test de dépistage du VIH/sida avec sa mère pour nous rassurer. Ce sont des cas qui arrivent souvent » (vaccinateur, milieu rural).

La manipulation et la destruction des déchets exigent beaucoup de précautions aussi bien de la part des personnels de santé que de la population. « *Au niveau des prestataires, la voie injectable exige beaucoup de précautions en termes de prévention des infections et également en terme de gestion des stocks de façon rigoureuse* », (Médecin, niveau central).

Les personnels de santé dans leurs pratiques professionnelles reconnaissent que la voie injectable est sujette à des risques professionnels. Le processus de gestion des déchets présente aussi des risques liés à la destruction des seringues utilisées. « *Notre sécurité n'est pas garantie avec la vaccination par injection. Par rapport à notre environnement, on n'est pas également en sécurité, car nous n'avons pas d'incinérateur* » (Infirmier d'État, Vaccinateur, milieu rural).

Perceptions sociales de la méthode par voie orale

Les résultats de l'étude démontrent que les participants à l'étude (parents, enfants et professionnels de santé) apprécient la technique d'administration du vaccin par voie orale en dépit des rejets ou des vomissements observés. Ces effets secondaires suscitent des inquiétudes de la part des personnels de santé quant à l'efficacité de la dose de vaccins administrée à l'enfant. Ils estiment que ces effets secondaires sont faciles à supporter aux plans physique, psychologique et social.

« *Il y a des risques de rejet [vomissements ou rejet simple] ; si le rejet se fait en présence du vaccinateur, il administre une autre dose ; malheureusement si le rejet se passe en l'absence du vaccinateur, l'enfant n'aura pas reçu sa dose normale. Il n'aura pas été vacciné...* ».

Ces désagréments décrits ne remettent pas en cause la vaccination parce qu'en définitive, les gens font vacciner leurs enfants parce que tout le monde le fait ainsi et c'est ce qui semble normal à faire. Cette conformité collective relève d'une acceptation passive ou active de la part de la demande sociale (Streefland, Chowdhuryand and al, 1999).

Voie orale, une méthode accessible…

La méthode par voie orale est connue pour son accessibilité à un personnel non qualifié. En effet, des agents de santé communautaire (Bhattacharyya, Winch and al, 2001; Faye, 2012 ; Kawakatsu Y, T Sugishita, and al, 2012) non qualifiés sont sollicités pour participer aux campagnes de vaccination de masse contre la poliomyélite.

« *La voie orale est accessible à tous. L'administration par voie orale n'exige pas du professionnalisme parce que des agents bénévoles vaccinateurs participent à la vaccination contre la poliomyélite* » (pharmacien, niveau central).

Pour les personnels de santé, elle présente une sécurité au travail (absence d'accidents professionnels par rapport aux aiguilles) et offre plus de facilité dans la destruction des déchets.

« *... La voie orale, c'est moins couteux ; on évite les seringues.* » (Vaccinateurs, milieu urbain).

Les perceptions sociales des acteurs interrogés montrent que la production des risques peut influencer l'acceptation ou non de la vaccination par les bénéficiaires (Streefland, Chowdhuryand and al, 1999).

Les discours des femmes et des enfants interrogés mettent l'accent sur la confiance aux personnels de santé à prendre en compte les effets négatifs. Ils déclarent qu'ils ont besoin d'être rassurés par des spécialistes pour une meilleure appréciation des effets bénéfiques de la vaccination parce qu'elles s'occupent des soins des enfants. En revanche, les opinions des hommes sont parfois plus négatives que celles des femmes de par leurs positions sociales (chefs de ménage, pères et responsables des enfants, décideurs de recours thérapeutiques, etc.). « *C'est eux qui décident souvent de la vaccination de l'enfant* » (focus group femmes, milieu rural).

Une importance de la confiance est accordée aux « experts » de la santé publique qui doivent fournir une sécurité vaccinale dans la vie de tous les jours (Giddens, 1991). Les connaissances et les logiques sociales examinées peuvent contribuer à la compréhension des comportements des acteurs à l'acceptabilité de l'introduction d'une innovation technique vaccinale.

Conclusion

Les acteurs communautaires et professionnels de santé montrent que les vaccinations sont importantes dans la lutte contre les maladies. La plupart des participants à l'étude ont exprimé des perceptions positives quant à l'accès à la vaccination pour réduire les taux de morbidité et de mortalité infantile. Les méthodes injectables et orales qualifiées de « méthodes habituelles » sont connues et acceptées en dépit des effets secondaires indésirables observés.

L'acceptation de la méthode par voie orale par les parents est liée à des facteurs d'ordre physique, humain, social et environnemental qui se résument à l'absence de douleur physique ou d'abcès observée sur certains enfants vaccinés ; quant aux professionnels de santé, leurs perceptions de la voie orale se traduisent par l'absence de risques ou d'accidents professionnels, de stress ou d'angoisses des parents, à la relative facilité de gestion et de destruction des déchets. Cependant, des inquiétudes ou des craintes sont exprimées par la majorité des professionnels de santé quant à l'efficacité de la dose de vaccins donnée à l'enfant par voie orale et les vomissements qui peuvent survenir.

Pour les professionnels de la santé, la méthode injectable les expose à des risques d'accident professionnels et à des difficultés de gestion de déchets biomédicaux.

Cette étude a le mérite d'analyser les perceptions sociales de plusieurs acteurs et de montrer que la communication entre les acteurs communautaires et professionnels de la santé est essentielle pour parvenir à réduire les réticences ou les résistances à l'acceptation des vaccinations. Les personnels de santé en tant que spécialistes doivent contribuer à apporter des éléments de réponse aux inquiétudes des parents au regard des effets secondaires jugés néfastes par les bénéficiaires.

Résumé

Les vaccinations constituent une des principales interventions en santé publique pour contribuer à réduire la morbidité et la mortalité des enfants au Burkina Faso. Des théoriciens ont relevé des barrières géographiques et des réticences socioculturelles dans l'accès aux vaccinations. Les perceptions sociales construites autour des méthodes vaccinales par voie injectable et orale n'ont pas été suffisamment explorées pour apporter un nouvel éclairage théorique dans l'acceptabilité de la vaccination.

Le présent article analyse les perceptions sociales des acteurs professionnels et communautaires des méthodes vaccinales en cours au Burkina Faso. Comment les différents acteurs perçoivent-ils les méthodes d'administration des vaccins au Burkina Faso ?

Pour mener cette étude, des entretiens individuels semi-structurés et des focus groups ont été réalisés avec des professionnels de santé (niveaux central et périphérique), des enfants, des mères et des pères.

Les résultats démontrent que la méthode par voie orale est globalement acceptée tandis que la méthode par voie injectable connaît des effets secondaires néfastes (fièvre, abcès, douleur physique) qui entraînent des réticences à l'acceptation de l'administration du vaccin. Dans ces conditions, les professionnels de santé constituent des experts pour donner les informations adéquates à l'acceptation des méthodes vaccinales et des innovations médico techniques en matière de vaccination.

Mots clés : *Vaccination-Acceptabilité-méthodes vaccinales-Acteurs communautaires-Professionnels de santé-*

Abstract

Vaccination is one of the main public health interventions to help reduce child morbidity and mortality in Burkina Faso. Theorists have noted geographical barriers and socio-cultural reluctance in access to immunizations. Social perceptions built around injectable and oral vaccination methods have not been sufficiently explored to shed new theoretical light on the acceptability of vaccination.

This article analyses social perceptions of the health workers and community actors of the vaccination methods in use in Burkina Faso. How do the different actors perceive the methods of vaccine administration in Burkina Faso?

To conduct this study, semi-structured individual interviews and focus group were conducted with health professionals (central and peripheral levels), children, mothers and fathers.

The results show that the oral method is generally accepted, while the injectable method has adverse side effects (fever, abscess, physical pain) that make people reluctant to accept the vaccine. Under these conditions, health professionals are experts in providing adequate information for the acceptance of vaccination methods and medical and technical innovations in vaccination.

Keywords ***:*** *Vaccination-Acceptability-methods vaccine- actors community-Heath workers*

Références bibliographiques

Bationo, B. F., 1993, *Santé maternelle et infantile chez les Lyela au Burkina Faso*. Thèse de doctorat, Lille : Université de Lille I.

Bhattacharyya K, P Winch and al., 2001. "Community Health Worker Incentives and Disincentives: How They Affect Motivation, Retention, and Sustainability". Published by the Basic - Support for Institutionalizing Child Survival Project (BASICS II) for the United States *Agency for International Development*. Arlington, Virginia.

Casiday R E, 2007. "Children's health and the social theory of risk: Insights from the British measles, mumps and rubella (MMR) controversy" *Social Science & Medicine* 65, PP 1059–1070.

Coenraad H, Juan L. Arciniega, 2008. "The consistency approach for the quality control of vaccines", *Biologicals* 36, PP73-77.

Dasa J, Saumya Dasb, 2003. "Trust, learning, and vaccination: a case study of a North Indian village", *Social Science & Medicine* 57, pp 97–112.

Dugas M, E Dubé and al., 2009. "Portrait of a lengthy vaccination trajectory in Burkina Faso: from cultural acceptance of vaccines to actual immunization", *BMC International Health and Human Rights*, 9 (Suppl 1) : S9.

Faye S L, 2012. « Responsabiliser les relais communautaires pour le traitement préventif intermittent saisonnier du paludisme (TPI) au Sénégal : enjeux, modalités, défis », *Autrepart*,/1 N° 60, pp. 129-146.

Fourn L, S Haddad et al., 2009. "Determinants of parents' reticence toward vaccination in urban areas in Benin (West Africa)", *BMC*

International Health and Human Rights, 9 p (Suppl 1) : S14.

Fourn L, Fayomi E B and al., 1998. "Rougeole : un défi pour le programme élargi de vaccination au Bénin ». *Méd Afr Noire*, 45:7 -8.

Giddens, A., 1991. *The Consequences of Modernity*, Cambridge: Polity Press.

Haddad S, A Bicaba, 2009. "System-level determinants of immunization coverage disparities among health districts in Burkina Faso: a multiple case study", *BMC International Health and Human Rights*, 9 (Suppl 1) : S15.

Holte J.H. Ottar Mæstad and al, 2012. "The decision to vaccinate a child: An economic perspective from southern Malawi", *Social Science & Medicine* 75, pp 384-391.

Illich I, 1981. *Némésis médicale. L'expropriation de la santé*. Paris : Seuil.

Kawakatsu Y, T Sugishita, and al., 2012. "Factors influencing the performance of community health workers in Kisumu West, Kenya". *Primary Health Care Research & Development*, Available on CJO doi : 10.1017/S1463423612000138.

Levine M, M, Orin S. Levine, 1997. “Influence of disease burden, public perception, and other factors on new vaccine development, implementation, and continued use”, *The Lancet*, Vaccine series, Vol 350 • November 8, PP 1386-1392.

Mahoneya R T., James E. Maynardc, 1999. “The introduction of new vaccines into developing countries” *Elsevier Science*, Vaccine 17, PP 646-652.

Nichter, M, 1995. “Vaccinations in the third world: A consideration of community demand”, *Soc. Sci. Med.* Vol 41. N° 5, pp. 617-632.

Poltoraka M, M Leachb, and al., 2005. “MMR talk’ and vaccination choices: An ethnographic study in Brighton”, *Social Science & Medicine* 61, pp 709-719.

Sanou A, Seraphin Simboro, and al., 2009. “Assessment of factors associated with complete immunization coverage in children aged 12-23 months: a cross-sectional study in Nouna district, Burkina Faso”, *BMC International Health and Human Rights*, 9 (Suppl 1) : S10.

Streefland P, A.M.R. Chowdhury and al., 1999. “Patterns of vaccination acceptance”, *Social Science & Medicine* 49, 1705-1716

Zuber P, LF, K.S. G Conombo et al., 2001. « Vaccination de masse contre la rougeole dans les zones urbaines du Burkina Faso ». Publié en anglais dans *Bulletin of the Health Organization*, 79 (4), pp 296-300.

LES CAHIERS DE L'IREA
N° 36 - 2019

Revue de l'Institut de recherches et d'études africaines (IREA)

Vision sociologique et anthropologique

Samuel-Béni ELLA ELLA
et Solange NGO YEBGA

Maurice Honoré MBEKO

Francis Nzobadila MVUEMBA

Honoré MIMCHE, Alain Roger BOULLA MEVA'A
et Félix Duclaux HABIT TANKEU

L'Harmattan

LES CAHIERS DE L'IREA
N° 37 - 2020

Revue de l'Institut de recherches et d'études africaines (IREA)

Autour du politique

••

Francis Nzobadila MVUEMBA

Koukougnon Jeannot ABOU

Tsobgou Dieudonné LEKANE

N'guessan Bernard, KOUAME

L'Harmattan

LES CAHIERS DE L'IREA
N° 37 - 2020

Revue de l'Institut de recherches et d'études africaines (IREA)

Autour du politique

••

Alain Roger BOULLA MEVA'A et Valeri Duplexe YOTEDJE

Sosthène EFOUBA

ISMAÏLADATIDJO et Valeri Duplexe YOTEDJE

Jean Bosco KAOMBA MUTUMBA

Trésor KASEREKA KANYUNYUE

L'Harmattan

LA REVUE LES CAHIERS DE L'IREA
(Institut de Recherche et d'Études Africaines)

- **Abonnement annuel (4 numéros) (Frais de port inclus)**
  - **France……………………………………..Euros**
  - **Étranger et DOM-TOM…………………Euros**
  - **Afrique……………………………………..Euros**

- **Vente au numéro (Frais de port inclus)**
  - **France, DOM-TOM et étranger………..Euros**
  - **Afrique……………………………………..Euros**

La revue Les Cahiers de l'IREA est disponible, sur commande, par correspondance aux Éditions L'Harmattan, 7 rue de l'École Polytechnique, 75005 Paris

✂…………………………………………………

BON DE COMMANDE

NOM ET PRENOM……………………………………

ADRESSE……………………………………………

CODE POSTALE………………………………………

DATE SIGNATURE

Règlement par chèque postal, bancaire ou mandat international à l'ordre des Éditions l'Harmattan :

Éditions L'Harmattan, 7 rue de l'École polytechnique, 75005 Paris

L'HARMATTAN ITALIA
Via Degli Artisti 15; 10124 Torino
harmattan.italia@gmail.com

L'HARMATTAN HONGRIE
Könyvesbolt ; Kossuth L. u. 14-16
1053 Budapest

L'HARMATTAN KINSHASA
185, avenue Nyangwe
Commune de Lingwala
Kinshasa, R.D. Congo
(00243) 998697603 ou (00243) 999229662

L'HARMATTAN CONGO
67, av. E. P. Lumumba
Bât. – Congo Pharmacie (Bib. Nat.)
BP2874 Brazzaville
harmattan.congo@yahoo.fr

L'HARMATTAN GUINÉE
Almamya Rue KA 028, en face
du restaurant Le Cèdre
OKB agency BP 3470 Conakry
(00224) 657 20 85 08 / 664 28 91 96
harmattanguinee@yahoo.fr

L'HARMATTAN MALI
Rue 73, Porte 536, Niamakoro,
Cité Unicef, Bamako
Tél. 00 (223) 20205724 / +(223) 76378082
poudiougopaul@yahoo.fr
pp.harmattan@gmail.com

L'HARMATTAN CAMEROUN
BP 11486
Face à la SNI, immeuble Don Bosco
Yaoundé
(00237) 99 76 61 66
harmattancam@yahoo.fr

L'HARMATTAN CÔTE D'IVOIRE
Résidence Karl / cité des arts
Abidjan-Cocody 03 BP 1588 Abidjan 03
(00225) 05 77 87 31
etien_nda@yahoo.fr

L'HARMATTAN BURKINA
Penou Achille Some
Ouagadougou
(+226) 70 26 88 27

L'HARMATTAN SÉNÉGAL
10 VDN en face Mermoz, après le pont de Fann
BP 45034 Dakar Fann
33 825 98 58 / 33 860 9858
senharmattan@gmail.com / senlibraire@gmail.com
www.harmattansenegal.com

L'HARMATTAN BÉNIN
ISOR-BENIN
01 BP 359 COTONOU-RP
Quartier Gbèdjromèdé,
Rue Agbélenco, Lot 1247 I
Tél : 00 229 21 32 53 79
christian_dablaka123@yahoo.fr

www.ingramcontent.com/pod-product-compliance
Lightning Source LLC
LaVergne TN
LVHW011039061026
849535LV00006B/2093